Selbstversorgung

für Einsteiger

Selbstversorgung

für Einsteiger

Simon Akeroyd

Redaktionsleitung Mary Ling
Cheflektorat Penny Warren
Lektorat Chauney Dunford
Projektbetreuung May Corfield, Hilary Mandleberg
Projekte Alexander Storch
Art Director Jane Bull
Bildredaktion Alison Donovan, Alison Gardner
Bildrecherche Susie Peachey
Herstellung Seyhan Esen, George Nimmo
Umschlaggestaltung Nicola Powling
Fotos Peter Anderson

Für die deutsche Ausgabe:
Programmleitung Monika Schlitzer
Projektbetreuung Manuela Stern
Herstellungsleitung Dorothee Whittaker
Herstellungskoordination Katharina Dürmeier
Herstellung Kim Weghorn

Bibliografische Information der Deutschen Bibliothek
Die Deutsche Bibliothek verzeichnet diese Publikation in der Deutschen Nationalbibliografie; detaillierte bibliografische Daten sind im Internet über **http://dnb.ddb.de** abrufbar.

Titel der englischen Originalausgabe:
Allotment Handbook

Übersetzung Reinhard Ferstl
Lektorat Christine Ritter

ISBN 978-3-8310-2750-7

Printed and bound in China

Besuchen Sie uns im Internet
www.dorlingkindersley.de

Inhalt

Simon Akeroyd entstammt einer Familie von Köchen. Schon früh allerdings merkte er, dass der Anbau von Essen ihm mehr Spaß macht als dessen Zubereitung. Er verfasste Artikel für zahlreiche Gartenmagazine wie *Grow Your Own*, war Garden Manager für die Royal Horticultural Society und arbeitete sowohl für die RHS in Wisley als auch für die RHS in Harlow Carr. Für die BBC war er als Gartenexperte und Produzent tätig. Er hat einen eigenen Garten in Surrey und ist begeisterter Hobbyimker. Zu seinen Werken zählen unter anderem *Rasen & Bodendecker* und *Bäume & Sträucher*.

Gemüse – Anbau und Lagerung

Obst – Anbau und Lagerung

Tipps für die Pflanzenpflege

Einführung

Der Anbau von Obst und Gemüse in Gärten hat in letzter Zeit stark an Bedeutung gewonnen. Überraschend ist das nicht: Viele haben einen hektischen Büroalltag und leben von Supermarktware. Kein Wunder, dass wir Lust auf Selbstgezogenes bekommen – ganz zu schweigen von etwas Bewegung draußen. Der Nutzgarten bietet das alles auf einmal!

Viele Vorzüge

Der Anbau von eigenem Obst und Gemüse lockt an die frische Luft, bietet aber noch viele weitere Vorteile.

- **NUTZGÄRTNER** essen gesünder: Wer sich an die empfohlenen fünf Portionen Obst und Gemüse täglich gewöhnt hat, wird im Garten kaum noch etwas verkommen lassen.
- **GARTENARBEIT** ist das ideale Freiluft-Fitnessprogramm: Sie werden jeden Muskel spüren – und es sogar genießen.
- **ENTSPANNUNG** ist garantiert: Während Sie sich um Ihre Pflanzen kümmern, bleiben Sorgen außen vor.
- **INSIDERWISSEN** gibt es gratis: Je mehr Sie anbauen, desto mehr lernen Sie über das Gärtnern.
- **GELD SPAREN** Sie mit jedem Handgriff: Schmackhafte, frische Genüsse kosten nur so viel, wie Sie für ein Samenpäckchen bezahlen.

Werkzeug

Jeder Gärtner benötigt anständiges Werkzeug, um gärtnern zu können. Laufen Sie aber nicht gleich ins nächste Gartencenter – oft bekommt man problemlos gebrauchte Werkzeuge. Sie sollten für die eigene Körpergröße und Statur geeignet sein und gut in der Hand liegen. Wenn man sie pflegt und nach Verwendung säubert, halten sie ein Leben lang. Hier die wichtigsten Werkzeuge für den Anfang:

- Spaten
- Grabgabel
- Rechen
- Bindfaden oder Schnur
- Pflanzholz
- Handschaufel
- Handgabel
- Grubber
- Schuffel oder Ziehhacke
- Gießkanne
- Schubkarren
- Rasenkantenschere
- Mäher (für Graswege)

Passendes Werkzeug erleichtert die Arbeit im Garten enorm.

Aus Alt mach Neu

Gärten wechseln gelegentlich den Besitzer. Idealerweise ersteht man mit einem neuen Stück Land gleichzeitig Elemente, die zu bewahren sich lohnt. Alte Obstgehölze lassen sich verjüngen, vernachlässigte Hochbeete und überwucherte Wege wieder auf Vordermann bringen. Erhalten, nicht zerstören, sollte die Devise lauten.

Gut eingewachsene Pflanzen sind Gold wert, wenn man gerade erst mit dem Gärtnern beginnt.

Holzpaletten lassen sich für den Bau eines Komposthaufens zweckentfremden.

Herumliegende Pflastersteine kann man als Belag für Wege und Terrassen nutzen.

Schrebergärten

Vielleicht haben Sie keinen eigenen Garten, möchten sich aber trotzdem mit Frischem versorgen oder einfach nur gern Erde in Ihrer Hand fühlen: Dann ist ein Schrebergarten eine wunderbare Lösung. Oder Sie sind bereits eingefleischter Gärtner, lieben aber gleichzeitig Geselligkeit und pachten eine Parzelle, um neue Leute zu treffen. In Laubenkolonien findet man Menschen aus allen Schichten und jeden Alters. Die meisten Gemeinschaften organisieren regelmäßig Feiern, bei denen man sich kennenlernen, austauschen und gemeinsam gärtnern kann. Ein weiteres Plus: Schrebergärtner sind meist nur zu gern bereit, anderen mit Rat und Tat zur Seite zu stehen. Deshalb steht in Kolonien oft gleich ein ganzer Trupp von Fachleuten parat!

Gärtnern mit der ganzen Familie ist wertvolle gemeinsame Zeit. Kinder genießen nicht nur das Arbeiten mit den Eltern, es hält sie auch vom Computer und Fernseher fern und lockt sie nach draußen.

Genießen Sie bei einer Tasse Kaffee mit Ihren Nachbarn wohlverdiente Arbeitspausen.

SCHREBERGARTEN-ETIKETTE

- Stellen Sie sich Ihren Nachbarn vor.
- Halten Sie Wege um Ihren Garten frei.
- Unkraut aus Ihrem Garten darf sich nicht auf andere Parzellen ausbreiten.
- Pflanzen oder Gebäude dürfen keinen Schatten auf Nachbargärten werfen.
- Setzen Sie chemische Pflanzenschutzmittel nicht oder umsichtig ein.

Parzellengröße

Klein- oder Schrebergärten sind Anteile von größeren Gartenanlagen, die sich meist in Städten befinden und an Mitglieder von Kleingartenvereinen verpachtet werden. Die Größe dieser Gärten variiert von Anlage zu Anlage sehr stark. Wer zum ersten Mal einen Schrebergarten pachtet, sollte eher klein anfangen, denn eine ausgedehnte Parzelle macht mehr Arbeit, als man meint. In vielen Städten übersteigt die Nachfrage das Angebot bei Weitem.

Will man einen Kleingarten nicht allein bewältigen, kann man ihn zusammen mit einem Freund oder Verwandten mieten.

Wiederverwerten

Wer einen eigenen Garten hat, wird bald zum Experten in Sachen Recycling.

◆ **HÄNGEN SIE ALTE CDS** zwischen Obst und Gemüse – sie schrecken hungrige Vögel ab. Leere Toilettenpapierrollen lassen sich zu Pflanztöpfen umfunktionieren. Alte, mit Erde gefüllte Reifen wiederum eignen sich bestens für die Kultur von Kartoffeln.

◆ **WERFEN SIE ALTE PLASTIKTÖPFE** nicht weg: Wenn es ans Aussäen geht, kann man nie genug von ihnen haben.

◆ **PLASTIKFLASCHEN** sind gute Abdeckungen für Sämlinge. Und in die Erde gesteckt geben sie prima Wasserspeicher ab.

Hinweise zur Benutzung

Die ersten drei Kapitel dieses Buchs behandeln die Entstehung eines neuen Gartens von der Planung und Vorbereitung bis zur wohlverdienten Ernte. Zahlreiche Schritt-für-Schritt-Anleitungen mit Beispielen und Fotos zeigen, was im ersten Jahr alles möglich ist. Im letzten Kapitel erfahren Sie, wie Sie häufige Probleme angehen. Ein nützliches Glossar erklärt gängige Fachbegriffe aus der Gartenwelt.

Echte Gärten Sehen Sie zu, wie ein echter Garten Formen annimmt.

Praxisnah Dank hilfreicher Tipps verwandeln Sie sogar schwierige Areale in Gartenparadiese.

In 10 Schritten zum perfekten Garten Nehmen Sie sich Zeit für eine sorgfältige Bestandsaufnahme und Planung, bevor Sie mit dem Anlegen beginnen. So vermeiden Sie zukünftige Probleme.

Hochbeete Schritt-für-Schritt-Anleitungen machen den Bau zum Kinderspiel.

Material Mit dieser Einkaufsliste haben Sie alle Materialien und Werkzeuge zum passenden Zeitpunkt griffbereit.

Bauanleitungen Sie müssen kein Handwerker sein, um die verschiedenen Gartenelemente selbst zu bauen. Alles, was Sie brauchen, sind einfache Werkzeuge und Materialien, die es überall zu kaufen gibt.

Zusätzliche Infokästen Diese wertvollen Tipps erleichtern die Arbeit oder schlagen Alternativen vor.

Kapitel 1: Vorbereitungen

Dieses Kapitel zeigt Ihnen, wie Sie in zehn Schritten einen Nutzgarten komplett neu anlegen. Zunächst beginnen Sie mit einer Bestandsaufnahme des bestehenden Areals: Welche Obst- und Gemüsepflanzen wachsen hier am besten? Wie wird der Boden vorbereitet? Soll unter Glas oder im Freiland ausgesät werden? Außerdem erfahren Sie, wie Sie sich eine reiche Ernte sichern. Nicht fehlen dürfen Anleitungen zum Anlegen von Wegen und Hochbeeten, zum Errichten von Zäunen gegen Wildtiere und zum Bau eines Frühbeets. Gleichzeitig bekommen Sie Tipps, wie Sie Ihren Garten so richtig genießen.

Kapitel 2 und 3: Gemüse- und Obstanbau

In diesen Kapiteln finden Sie alles über die Kultivierung von mehr als 70 Arten von Obst, Gemüse und Kräutern. Als Erstes lernen Sie, wie Sie Samen säen und Pflänzchen setzen. Dann erfahren Sie, was wann und wie während der Wachstumsphasen der einzelnen Arten zu tun ist. Schließlich gibt es Schritt-für-Schritt-Anleitungen zum Bau von Gartenelementen, die den Anbau erleichtern.

Infokästen Hier finden Sie wertvolle zusätzliche Tipps.

Gemüse: Anbau und Lagerung In Kapitel 2 ist das Gemüse nach Typen wie »Blattgemüse« unterteilt und lässt sich daher leicht finden. Als Unterscheidungsmerkmal dienen die Teile, die gemeinhin verzehrt werden, z. B. Blätter, Wurzeln, Blüten oder Schoten.

Obst: Anbau und Lagerung In Kapitel 3 ist Beerenobst wie Erdbeeren und Himbeeren ebenso beschrieben wie Baumobst, zu dem unter anderem die Äpfel gehören. Selbst Weintrauben fehlen nicht.

Lagern & genießen

Schon der Anbau von Obst und Gemüse macht großen Spaß – noch viel schöner aber ist es, das Ganze auch zu genießen. Was aber tun, wenn man nicht alles aufbrauchen kann?

Lagern Wie lagere ich meine Ernte so, dass sie in optimalem Zustand bleibt?

Einfrieren Vieles hält in gefrorenem Zustand über viele Wochen. Erfahren Sie, wie es geht und wie lang man was einfrieren kann.

Kochen Wir zeigen Ihnen, wie Sie Obst und Gemüse am besten verwerten.

Einmachen Mit köstlichen Konfitüren, Eingemachtem und Chutneys machen Sie Überschüssiges haltbar.

Kapitel 4: Hilfe

Im letzten Kapitel erfahren Sie, wie Sie häufige Probleme im Nutzgarten vermeiden und beheben. Anhand detailgenauer Fotos bestimmen Sie Schädlinge, Krankheiten und Unkräuter und erfahren gleichzeitig, was man dagegen tun kann. Außerdem gibt es viele praktische Tipps zum Schnitt von Obstgehölzen sowie zur Pflege und Vermehrung Ihrer Nutzpflanzen.

Schritt
1-10
Vorbereitungen

Schritt 1

Bestandsaufnahme

Alte Elemente nutzen • Parzellen umgestalten • Checkliste • vernachlässigte Areale • sonnige und schattige Bereiche

Schritt 1

Bestands-aufnahme

Ein neu erworbenes Stück Land erstmals in Augenschein zu nehmen kann frustrierend sein, vor allem, wenn es zugewachsen und vernachlässigt ist. Nicht verzweifeln: Mit Motorsense, Spaten und Grabgabel verwandeln Sie das Grundstück binnen Monaten in ein einladendes Gartenreich.

Kartoffeln
Diese vom Vorbesitzer gepflanzten Kartoffeln sind Gold wert. Sie liefern die erste Ernte des Jahres.

Gebrauchte Beläge
Die bestehenden Platten können vorerst bleiben. Sie bilden einen tragfähigen Weg und unterdrücken Unkraut.

Checkliste

Das sollten Sie beachten, wenn Sie einen Garten übernehmen:

- Sind die Nachbargärten gepflegt? Schließlich soll von dort kein Unkraut in Ihre Parzelle vordringen.
- Wie gelangt man in den Garten?
- Befindet sich ein Wasseranschluss in der Nähe?
- Kann man Obstbäume, Gemüsepflanzen und Utensilien wie Frühbeete vom Vorbesitzer übernehmen?
- Gibt es eine regelmäßige Abfuhr von Gartenabfällen?

»Halten Sie Ausschau nach Nützlichem, das Sie übernehmen können.«

Stück für Stück neu gemacht

Sobald das Areal halbwegs freigeräumt ist, legt man zunächst einen Teil davon neu an. Das ist wesentlich einfacher zu bewältigen, als das ganze Grundstück auf einmal umzugestalten. Der Besitzer dieses Gärtchens (*links*) hat beschlossen, als Erstes die Mitte in Angriff zu nehmen, denn hier gibt es nichts, was sich lohnt zu erhalten, während auf der übrigen Fläche noch Obstbäume und andere Pflanzen wachsen. Außerdem hat der frühere Eigentümer eine Menge nützlicher Materialien zurückgelassen, etwa einen Holzblock, aus dem sich eine Bank bauen lässt, und einige Bretter für Hochbeete.

Himbeeren Die Ruten am Rand des Grundstücks sind ein guter Sichtschutz.

Ausgangspunkt Zunächst nimmt man sich den zentralen Bereich vor. Danach kommen nach und nach die übrigen Flächen an die Reihe. Ist die Mitte freigeräumt, misst man sie aus und legt ein paar Hochbeete an.

Erdbeerbeet Bis auf Weiteres bleibt es unbehelligt. Es unterdrückt Unkraut und liefert im Sommer noch einmal reichlich Beeren. Nächstes Jahr kann man jüngere Erdbeerpflanzen aufnehmen und in ein neues Beet umsiedeln.

Hochbeete Diese Holzreste leisten noch gute Dienste – etwa als Umrandung für Gemüsebeete.

Holzpfosten Vielleicht kann man sie noch als Füße für eine Bank verwenden.

Völlig zugewuchert

Als Erstes jätet man das Unkraut, damit der Boden offen vor einem liegt. Tragen Sie dabei Handschuhe und Schutzkleidung, um unliebsame Begegnungen mit Glasscherben, Wespennestern, Chemikalienbehältern und anderen versteckten Hinterlassenschaften zu vermeiden.

Mit einer Motorsense machen Sie den schlimmsten Unkräutern den Garaus. Schonen Sie jedoch Pflanzen, die Sie behalten möchten.

Nützliches bleibt Was man vielleicht wiederverwerten kann, sollte man nicht entsorgen. Aus Holzbrettern beispielsweise lassen sich Hochbeete oder Wände für Komposthaufen zimmern.

Brauchbar Alte Hochbeete kann man erhalten.

Verjüngungskur Obstgehölze werden durch einen Schnitt verjüngt.

Unterschiedliche Lagen

Bevor Sie mit der Planung beginnen, müssen Sie sich über die Lichtverhältnisse im Klaren sein, denn von ihnen hängt ab, was Sie anbauen können. Auch die Lage spielt eine Rolle: Am Fuß eines Hangs droht stärkerer Frost, weshalb man dort robuste Sorten anbaut oder mit dem Auspflanzen etwas länger wartet. Am oberen Ende eines Hangs ist es generell kühler und windiger, was hohe und empfindliche Sorten ausschließt.

CHECKLISTE

- Wie ist die Ausrichtung?
- Ist die Lage überwiegend sonnig?
- Liegt das Areal meist im Schatten?
- Liegt es exponiert oder geschützt?
- Ist der Grund geneigt?
- Gibt es potenzielle Frostsenken?
- Befindet sich ein Wasserhahn in der Nähe?

Ausrichtung Mit einem Kompass findet man schnell heraus, in welche Himmelsrichtung das Areal geneigt ist. Südlagen sind warm, Nordlagen eher kühler.

Neuanfang Wer ein bestehendes Areal freiräumt und ganz von vorn anfängt, kann exakt die Sorten pflanzen, die sich für den Standort am besten eignen.

Sonnige Lagen

Die besten Anbaubedingungen herrschen in sonnigen Lagen, denn dort ist die Vegetationsperiode am längsten. Vor einer schützenden Mauer oder einem Zaun gedeihen Obst und Fruchtgemüse wie Paprika, Tomaten, Auberginen, Gurken und Kürbisse besonders gut, aber auch Wurzelgemüse und Salat behagt ein solcher Standort. Der Nachteil: Der Boden trocknet schneller aus und man muss häufiger gießen – bei großer Hitze vielleicht sogar täglich. Arbeiten Sie gut verrottete organische Substanz in die Erde ein und mulchen Sie regelmäßig, das hilft dem Boden, Feuchtigkeit zu speichern.

Ausrichtung

Die Ausrichtung eines Areals spielt beim Anbau von Nutzpflanzen eine wichtige Rolle, denn sie beeinflusst die Licht- und Windverhältnisse, ja, selbst die Regenmenge. Man kann die Bedingungen zwar leicht verändern, indem man Schatten werfende Hindernisse entfernt oder einen Windschutz errichtet, im Großen und Ganzen aber ist man am besten beraten, das anzubauen, was für das jeweilige Mikroklima am geeignetsten ist.

Schattige Lagen

Schattige Standorte sind nicht ideal, denn die meisten Obst- und Gemüsepflanzen brauchen Sonne. Zudem ist im Schatten die Vegetationsperiode kürzer, sodass Sonnenanbeter wie Tomaten und Auberginen nur schwer ausreifen. Versetzen Sie daher Schatten werfende Hindernisse und schneiden Sie überhängende Bäume. Lässt sich Schatten nicht vermeiden, wählt man Kartoffeln, Kopf- und Pflücksalate, Spinat, Rettiche und Topinambur, die nicht unbedingt immer pralle Sonne brauchen. Liegen einige Bereiche des Gartens in der Sonne, reserviert man sie für Pflanzen, die es hell mögen.

Exponierte oder hügelige Lagen

Grundstücke an Hängen sind oftmals exponiert und windig, wenn auch nicht so frostgefährdet wie Areale im Tal. Um dort mehr Obst- und Gemüsesorten erfolgreich anpflanzen zu können, errichtet man am besten einen Windschutz, etwa Hecken oder Flechtzäune, die etwas Wind durchlassen. Bei hohen Nutzpflanzen wie Mais und Obstbäumen hilft das allerdings wenig, weshalb man sich besser für niedrige Arten wie Wurzelgemüse, Salate, Erdbeeren und Himbeeren entscheiden sollte. Wind trocknet Böden rasch aus – gutes Wässern ist daher unabdingbar.

Frostgefährdete Lagen

Frostsenken kommen besonders am Fuß von Hängen, in Tälern und an Nordflanken vor sowie dort, wo kalte Luft wegen Mauern, Zäunen und dichten Hecken nicht zirkulieren kann. Frostgefährdet sind vor allem Sämlinge und Frühlingsblüher. Auch im Herbst können Minustemperaturen Schäden verursachen. Schützen Sie Ihre Pflanzen, indem Sie sie abdecken. Schon ein Netz über Obst erhöht die Nachttemperaturen um ein paar wenige Grade. Jungpflanzen sollten erst ins Freie gesetzt werden, wenn kein Frost mehr droht. Wichtig ist außerdem, sie gut abzuhärten.

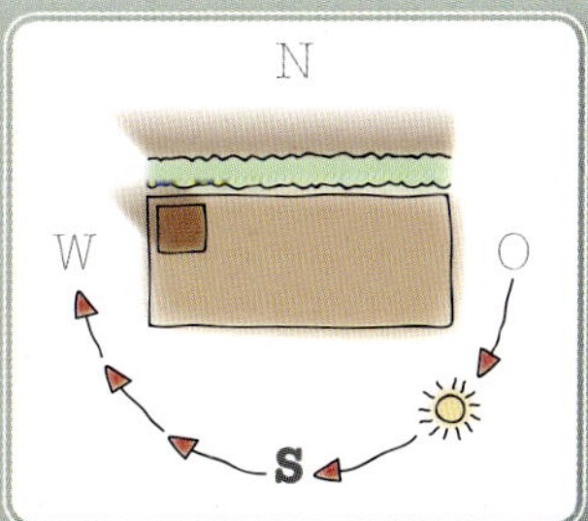

Südlage Grundstücke mit Südausrichtung sind ideal für Pflanzen, die viel Sonne brauchen. Der Garten liegt nicht im Schatten von Bäumen, Schuppen oder Hecken. Er ist warm und hell.

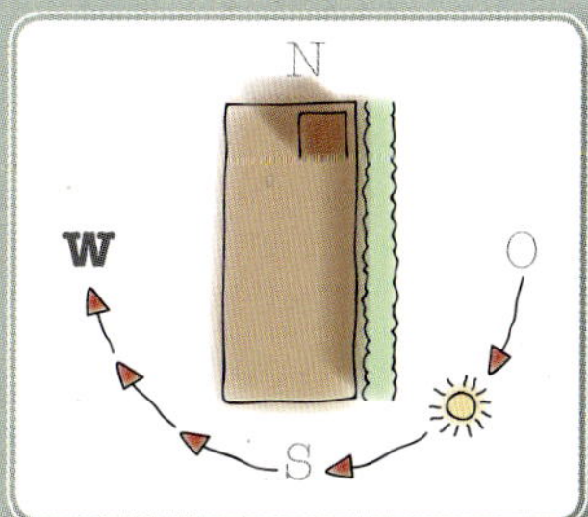

Westlage Dieser Garten liegt die meiste Zeit des Tages in der Sonne. Lediglich früh am Morgen, wenn die Sonne hinter der Hecke aufgeht, fällt etwas Schatten auf ihn.

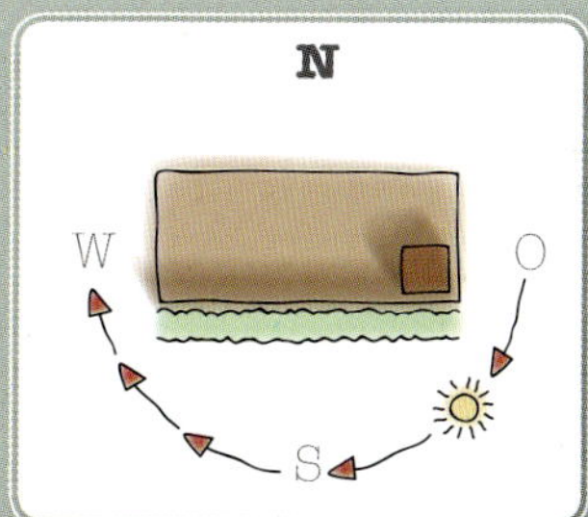

Nordlage Wenn man hier die Hecke nicht niedrig hält, liegt der südliche Teil des Gartens zur Mittagszeit im Schatten. Auch der Schuppen nimmt Sonne weg.

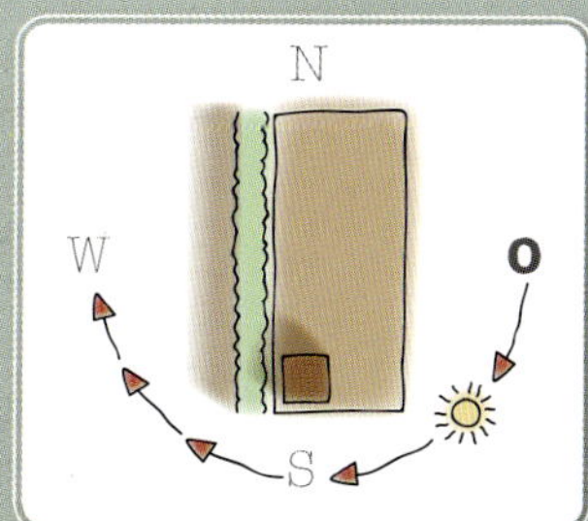

Ostlage Der westliche Streifen dieser Fläche wird von der Hecke beschattet – hier kommen die Pflanzen nicht in den Genuss der Abendsonne. Der Schuppen wäre am Nordende besser aufgehoben.

Schritt 2

Vorbereiten

Böden bestimmen • Bodenzusammensetzung • pH-Test • Böden verbessern • Unkraut entfernen • Dünger • Holländern

Schritt 2

Bodentypen

Ist Ihr Boden trocken und staubig, klebrig und feucht oder eine krümelige Mischung aus beidem? Wie dem auch sei, für jeden Bodentyp gibt es zahlreiche Arten, die darauf gedeihen. Manche bevorzugen durchlässige Sandböden, andere nährstoffreichen Ton. Problematische Böden lassen sich verbessern und so in gute Gartenerde verwandeln.

Zusammensetzung

Einen entscheidenden Einfluss auf den Bodentyp haben das Muttergestein darunter und der Anteil an zersetzten Pflanzenresten und Tierdung – die organische Substanz. Die meisten Böden enthalten entweder viel Sand oder viel Ton. In Küstennähe findet man schluffiges Erdreich. Über Kalkgestein ist die Erde flachgründig und nährstoffarm. Die besten Böden bestehen aus einer Ton-Sand-Mischung, lassen sich leicht umgraben, speichern Wasser und Nährstoffe und sind trotzdem durchlässig. Ideale Gartenerde findet man eher selten, doch Sie können Ihren Boden durchaus verbessern.

◆ **BESTIMMEN SIE IHREN BODENTYP**, indem Sie etwas Erde in die Hand nehmen und zerdrücken. Tonböden lassen sich zu einer Kugel formen, während Sandboden zerfällt, wenn man ihn zwischen den Handflächen rollt. Außerdem fühlt er sich rau an. Schluffiges Erdreich ähnelt Ton, hat aber eine seidigere Textur. Böden mit Kalk- bzw. Kreideanteil erkennt man an hellen Einschlüssen; sie trocknen wie Sand rasch aus.

»Wer den Bodentyp kennt, kann das Beste daraus machen.«

Tonboden Die Erde fühlt sich klebrig und feucht an. Sie lässt sich zu einer Kugel formen.

Sandboden Die Erde fühlt sich rau und schwach feucht an. Sie lässt sich nicht formen, sondern zerfällt.

Schluffboden Er ähnelt Ton und lässt sich ebenfalls zu einem Klumpen formen, wirkt aber seidiger.

alkalisch

sauer

PH-TEST Sie sollten nicht nur prüfen, ob Ihr Boden überwiegend Sand oder Ton enthält, sondern auch seinen pH-Wert feststellen: Dieser gibt an, wie sauer oder alkalisch das Erdreich ist. Bestimmen lässt sich der pH-Wert ganz leicht mit einem Testset aus dem Gartencenter. Die meisten Nutzpflanzen gedeihen in neutralen bis leicht alkalischen Böden. Einige Arten, wie etwa Heidelbeeren, bevorzugen dagegen ein saures Ambiente. Ist Ihr Boden alkalisch, ziehen Sie Pflanzen, die saure Erde brauchen, in Töpfen mit Moorbeet- bzw. Rhododendrenerde.

Heidelbeeren mögen's sauer.

Böden verbessern

Eine gute Vorbereitung ist das A und O erfolgreicher Obst- und Gemüsekultur. Es gibt also viel zu tun, bevor Sie auch nur ein einziges Samenkörnchen gesät haben. Nachdem Sie die Pflanzfläche von Unkraut befreit haben, graben Sie sie um und ebnen sie ein. Karge Böden verbessert man mit organischer Substanz, bis sie eine feine krümelige Struktur haben. Erst danach können Sie mit dem Aussäen beginnen.

Ausstechen Wenn Sie mehrjährige Unkräuter jäten, dürfen deren Wurzeln nicht abbrechen, sonst treiben sie bald wieder aus.

Unrat entfernen

Bevor Sie mit dem Umgraben des Areals beginnen, sollten Sie zunächst die Oberfläche von Glassplittern, großen Steinen, Ziegeln und anderem Unrat freiräumen. Falls viel Material zu entsorgen ist, müssen Sie gegebenenfalls einen Container mieten.

Behalten oder wegwerfen? Sehen Sie sich den Unrat vor dem Entsorgen an: Können Sie etwas davon brauchen? Gummireifen sind gute Pflanzbehälter für Kartoffeln, während sich mit Ziegeln und Steinplatten Wege anlegen lassen.

Jäten

Es lohnt sich, ein Areal gleich von Anfang an gründlich von Unkraut zu befreien. Denn nach dem Aussäen und Bepflanzen der Beete wird es wesentlich schwerer, das unerwünschte Grün zu bekämpfen. Man holt es am besten mit einer Grabgabel aus der Erde, da ein Spaten lediglich die Wurzeln mehrjähriger Unkräuter durchschneidet, sodass sie umso stärker wieder austreiben. Jäten Sie sorgfältig jeden Quadratzentimeter.

Tabula rasa Mehrjährige Unkräuter wie Giersch, Quecke und Löwenzahn treiben selbst aus kleinsten Wurzelstückchen wieder neu aus. Man muss die ungebetenen Gäste vollständig ausgraben, was nicht ganz einfach ist, denn die Wurzeln von Ackerwinden zum Beispiel reichen bis zu 60 Zentimeter tief in die Erde.

»Unkräuter breiten sich aus, wenn sie nicht vollständig entfernt werden.«

Umgraben und einebnen

Sobald der Garten unkrautfrei ist, gräbt man ihn mit einem Spaten um. Wählen Sie ein Exemplar, das gut in der Hand liegt, leicht ist und dessen Länge zu Ihrer Körpergröße passt. Heben Sie nicht zu große Brocken Erde heraus, um Ihren Rücken zu schonen. Die Erde sollte man bis in etwa 50 Zentimeter Tiefe umgraben. Verdichtete Bereiche müssen wieder locker und krümelig werden.

Gute Technik Beugen Sie die Knie und halten Sie den Rücken so gerade wie möglich.

Struktur verbessern Nach dem Jäten gräbt man die Beete mit einem Spaten um. Das lockert die Erde und verbessert ihre Struktur.

Holländern (*siehe S. 24*) Graben Sie das Beet bis zur zweifachen Spatentiefe um. Füllen Sie eine dicke Schicht organische Substanz in das Loch.

Einebnen Nach dem Umgraben des Beets ebnet man die Oberfläche mit einem Rechen oder einer Schaufel grob ein.

Dünger

Die Erde der Beete muss meistens verbessert werden, damit die Nutzpflanzen gut gedeihen. Arbeitet man nach dem Holländern organische Substanz ein, können die Wurzeln von Obst- und Gemüsepflanzen tief in die Erde vordringen, wo sie genügend Nährstoffe und Wasser finden. Jungpflanzen und Flachwurzler dagegen brauchen Nährstoffe an der Oberfläche. Es gibt viele organische und anorganische Materialien, die sich zum Einarbeiten eignen.

Stallmist Streuen Sie reichlich organische Substanz auf die Oberfläche. Das unterdrückt Unkraut und verbessert den Boden.

Komposterde Gut verrotteter Humus aus dem Gartenkompostér hilft Feuchtigkeit zu speichern und ist zudem sehr nährstoffreich.

Kunstdünger Ein Allzweckdünger liefert Jungpflänzchen zu Beginn ihrer Wachstumsphase dringend benötigte Nährstoffe.

Projekt Holländern

Man holländert, wenn der Boden noch nicht bearbeitet wurde oder wenn seine Durchlässigkeit und Struktur verbessert werden sollen. Holländern ist harte Arbeit, erhöht aber die Bodenqualität.

Schritt 3

Schritt 2

Bringen Sie den Aushub aus dem ersten Graben ans Ende des Beets. Mit ihm wird zum Schluss der letzte Graben wieder aufgefüllt.

Schritt 1

MATERIAL & WERKZEUG

- organische Substanz (Dung, Humus)
- Spaten, Grabgabel, Rechen, Eimer

1 Heben Sie zunächst an einem Ende des Beets einen spatentiefen und doppelt spatenbreiten Graben aus. Beim weiteren Umgraben behält man diese Tiefe und Breite bei; auch die Seiten bleiben gerade. Stößt man beim Umgraben auf Unkraut und große Steine, entfernt man sie.

2 Geben Sie den Aushub aus dem Graben in einen großen Eimer. Sie brauchen ihn später zum Füllen des Grabens am anderen Ende des Beets.

3 Lockern Sie das Erdreich am Boden des Grabens eine weitere Spatentiefe. Klumpen werden aufgebrochen, Steine und Schutt entfernt.

4 Nun wird gut verrotteter Stallmist oder Humus aus dem Komposter im Graben verteilt und leicht mit der Gabel eingearbeitet.

5 Heben Sie direkt neben dem ersten Graben einen zweiten, genauso großen aus und füllen Sie dessen Aushub in den ersten Graben. Wie beim ersten Graben entfernt man aus dem Aushub Unkraut, Steine und Schutt.

6 Mit dem Aushub aus einem dritten Graben füllt man den zweiten auf, nachdem man in dessen Boden organische Substanz eingearbeitet hat. So geht es bis zum Ende des Beets. Der letzte Graben wird mit Erde aus dem ersten befüllt.

Schritt 4

Warum holländern?

Damit Pflanzen gesund bleiben und kräftig wachsen, muss der Boden gut durchlässig und durchlüftet sein. Durch Einarbeiten von organischer Substanz reichert man ihn mit Nährstoffen an und verbessert seine Struktur. Beim Umgraben der ersten Schicht wird Unkraut entfernt, beim Umgraben der zweiten, darunterliegenden Schicht der Boden gelockert, belüftet und mit organischer Substanz gedüngt.

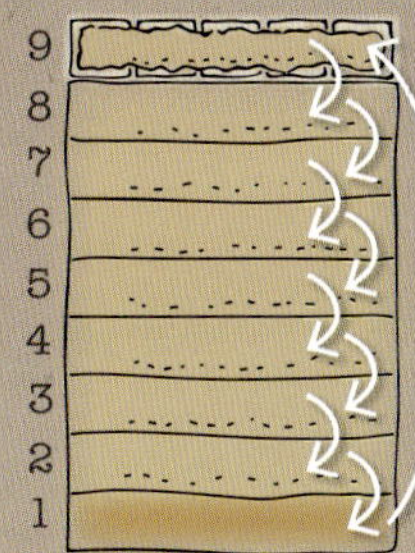

Erde von Graben zu Graben füllen

Arbeiten Sie die organische Substanz gut verteilt in die gelockerte Erde am Boden des Grabens ein.

Schritt 5

Die Gräben sollten alle gleich groß sein, damit der Aushub des nächsten Grabens in den vorherigen passt.

Die Erde im wieder aufgefüllten ersten Graben wird etwas zu hoch sein. Sie setzt sich aber mit der Zeit wieder.

Schritt 6

Der Boden des letzten Grabens wird genauso umgegraben wie der aller anderen Gräben.

Die Erde aus dem ersten Graben – hier auf dem Weg deponiert – wird zum Auffüllen des letzten Grabens verwendet.

Zum Schluss wird das Beet geharkt, bis die Oberfläche feinkrümelig ist. Nun kann es besät oder bepflanzt werden. Treten Sie nicht auf die frische Erde, sonst wird der Boden wieder verdichtet.

Schritt 3

Anlegen

Beete und Rabatten • Planung • Wege anlegen • Materialien für Wege • Bereiche markieren • Wegränder • Trittflächen • Hochbeete

Schritt 3

Beete und Rabatten

Das Anlegen von Beeten und Rabatten ist eine der interessantesten Etappen auf dem Weg zum perfekten Nutzgarten. Natürlich spielen praktische Zwänge eine Rolle, doch kann man auch kreativ werden und mit unterschiedlichen Formen arbeiten oder gebrauchte Materialien verwenden, damit der Garten einen individuellen Touch bekommt.

Standort und Art der Beete

Die Platzierung der Beete ist entscheidend für die Gestaltung des gesamten Gartens. Am beliebtesten und häufigsten sind Flachbeete direkt auf der Erde. Alle Pflanzen müssen gut erreichbar sein, weshalb man zwischen den einzelnen Beeten genügend Platz lässt, um mit dem Schubkarren manövrieren zu können.

◆ **HOCHBEETE** sind ideal für Gärten mit minderwertigem Boden. Mit gutem Substrat gefüllt leisten sie hervorragende Dienste. Beim Jäten schont man seine Bandscheiben und auch das Pflanzen und Ernten gehen wesentlich einfacher von der Hand. Wegen der größeren Höhe ist der Boden durchlässiger und erwärmt sich im Frühjahr rascher. Deshalb wird die Ernte früher reif.

Beetgröße

Die Größe eines Beets ist Geschmackssache. Allerdings sollte man mit den Händen noch bis zur Mitte greifen können, ohne auf die Erde zu treten. Daher dürfen Beete höchstens 1 m breit sein. Bei der Länge ist man weniger gebunden. Aber: Je weniger Wege man hat, desto mehr Platz bleibt für die Pflanzen.

- Beete sollten so schmal sein, dass man noch bis zur Mitte reicht.
- Auf den Wegen sollte ein Schubkarren Platz haben.

Idealgröße In diesen Beeten ist Platz für mehrere Arten. Gleichzeitig sind sie so schmal, dass man nicht auf sie treten muss.

Betonplatten Die großen, schweren Platten geben sehr robuste Einfassungen ab. Dank ihres Gewichts brauchen sie nicht einmal im Boden eingegraben zu werden.

Palisaden Holz ist ein beliebtes Material für Beetbegrenzungen. Es muss jedoch für den Einsatz im Freiland imprägniert werden, da es sonst zu schnell fault.

Dekorränder Geometrisch-formale Umrandungen von Gemüsebeeten gibt es in den verschiedensten Ausführungen, ob neu oder gebraucht.

»Bringen Sie Ihre Pläne und Gestaltungsideen zu Papier.«

Skizze Einen Plan vom Garten zu zeichnen hilft Prioritäten zu setzen und zu entscheiden, was unbedingt vorhanden sein sollte.

Planung

Zeichnen Sie Ihre Vorstellungen vom eigenen Garten auf ein Blatt Papier – am besten gleich vor Ort, damit Sie ein Gefühl für das Areal bekommen. Vermutlich sind mehrere Entwürfe nötig, bis Sie die Ideallösung für den vorhandenen Raum gefunden haben. Zerbrechen Sie sich aber noch nicht den Kopf über die Bepflanzung – im Augenblick geht es nur darum, die grobe Gliederung zu skizzieren. Wo sollen Obst- und Gemüsebeete, Wege, Schuppen, Frühbeet oder Komposthaufen hin? Vielleicht möchten Sie sich auch einen Sitzbereich und eine Grillstelle einrichten. Wer viel Platz hat, kann sogar einen Sandkasten, eine Schaukel oder eine Rutsche einplanen.

Metalleinfassungen Begrenzungen aus Metall verleihen Beeten urbanes Flair. Aber Vorsicht: Die Platten werden in der Sonne sehr heiß und können Wurzeln schädigen.

Holzbretter Sie lassen sich schnell und problemlos aufstellen und halten die Erde gut im Beet. Allerdings verrotten sie mit der Zeit.

Kreatives Wiederverwerten

Nahezu jeder Behälter lässt sich als Hochbeet nutzen. Er sollte aber aus dauerhaftem, witterungsbeständigem Material bestehen und Abzugslöcher haben, damit die Wurzeln nicht faulen.

Spülbecken Sie sehen nicht nur dekorativ aus, sondern haben auch eine Abflussöffnung, die ein ideales Abzugsloch abgibt.

Dränagerohre Diese Tonrohre sind hoch genug – und damit ideal für die Kultur von Gemüse mit tief reichenden Wurzeln.

Reifen In ihnen lassen sich Erbsen und Kartoffeln ziehen. Zum Anhäufeln stapelt man sie nach und nach aufeinander.

Wege anlegen

Sind die Beete erst einmal angelegt, kann man sich über die Wege Gedanken machen. Sie sollten so zweckmäßig wie möglich sein. Im Gegensatz zu Pfaden in Ziergärten müssen Wege in Nutzgärten nicht besonders belastbar sein und brauchen daher nur selten ein Fundament aus Beton oder Schotter. Aus diesem Grund bekommt man sie in der Regel auch ohne großes handwerkliches Geschick gut hin.

Backsteine Ziegel und Klinker gehören zu den haltbarsten Wegbelägen. Wenn man sie fest in den Boden einsetzt, brauchen sie nicht einmal ein Betonfundament.

Beläge

Die Auswahl an Materialien im Fachhandel ist enorm, doch kann ein Kauf ziemlich ins Geld gehen. Daher sollte man sich zuerst umsehen, ob sich nicht Vorhandenes wiederverwerten lässt. Mitunter bekommt man auf Bau- und Wertstoffhöfen oder bei Gartenfirmen gebrauchte Beläge; auch im Internet wird man manchmal fündig. Im Grunde können Wege aus fast allen Materialien bestehen, etwa aus Rindenmulch, Ziegel, Klinker und sogar Teppichresten.

◆ **GRASWEGE** sind vermutlich die billigste Lösung, wenn sich nichts Wiederverwertbares auftreiben lässt. Sie bilden eine weiche, strapazierfähige, natürliche Trittfläche und sind im Nu angesät.

Teppichfliesen Ein dekorativer und dabei erstaunlich robuster Belag. Allerdings können die Fliesen bei längerer kalter, nasser Witterung schimmeln.

Rindenmulch Ein natürlicher Belag wie dieser beliebte Mulch sieht gut aus, braucht aber eine Begrenzung, damit die Rindenschnipsel nicht in die Beete wandern.

Kunstrasen Wer Gras als Wegbelag mag, aber keine Lust hat, ständig zu mähen und die Kanten zu schneiden, verlegt Kunstrasen. Die Bahnen sind allerdings nicht billig.

Markieren Sie die Wege auf dem Plan Zeichnen Sie Ihren ungefähren Verlauf ein. Die Wege durch die Beete müssen zweckmäßig sein. Idealerweise bringen sie Sie auf kürzestem Weg von A nach B.

Wegränder

Wege mit festem Belag sollte man einfassen, damit sie ihre Form behalten und keine losen Materialien wie Rindenschnipsel oder Kies in die Beete geraten. Graspfade brauchen keinen Rand, sehen aber besser aus, wenn man ihre Kanten regelmäßig mit einer Rasenkantenschere stutzt und einmal jährlich mit dem Spaten sauber nachzieht.

Schnur und Bambusstäbe Mit ihnen steckt man zunächst den Verlauf der Wege ab. Vergessen Sie nicht, einen Zugang zu besonders intensiv genutzten Gartenelementen wie Wasserfässern und Komposthaufen anzulegen.

Bambusstäbe Stecken Sie die Stäbe an Ecken und Kreuzungen in den Boden. Sie müssen so weit in die Erde gedrückt werden, dass sie auch bei gespannten Schnüren noch gerade stehen. Anschließend spannt man die Schnüre zwischen ihnen.

Verlauf Sobald der Verlauf der Wege abgesteckt ist, ebnet man das Erdreich ein, bis keine Buckel und Senken mehr vorhanden sind. Die Oberfläche tritt man etwas fest, damit der Weg später nicht absackt.

Unkrautfolie Sie ist nicht schön anzusehen, unterdrückt Unkraut aber wirkungsvoll und schafft eine glatte Fläche. Am besten kaschiert man sie mit Rindenmulch.

Kies Er muss auf einer Folie verlegt und eingefasst werden, sonst verschwinden die Steinchen im Boden. Mit einem Schubkarren kommt man auf Kies schwer vorwärts.

Holzplanken Bei Nässe kann Holz gefährlich rutschig werden. Verwenden Sie Bretter mit Rillen oder fräsen Sie die Vertiefungen selbst hinein.

Projekt, Teil 1
Wege: Verlauf markieren

Um das vorhandene Areal optimal zu nutzen, müssen Wege und Zugänge gut geplant werden – schließlich wollen Sie bequem überall hinkommen. Was am intensivsten genutzt wird, braucht einen anständigen Belag, der nicht nur praktisch ist, sondern den Garten auch besser aussehen lässt.

Rahmen bauen

In der Mitte dieses Gartens (*siehe rechts*) sind Hochbeete angelegt, deren Rahmen gleichzeitig die Ränder einiger Wege bilden.

Die Begrenzungen werden aus Brettern und Pfosten gefertigt. Man baut sie auf einer Werkbank oder anderen ebenen Fläche zusammen. Schneiden Sie die Bretter auf die passende Länge zu und fügen Sie sie an den Enden mit Schrauben zu einer Stoßverbindung (*siehe unten*) zusammen.

Verbindungen Halten Sie beide Seiten des Rahmens zusammen und fixieren Sie den Stoß mit Schrauben. Durch Vorbohren von Löchern wird das Schrauben noch einfacher.

An jede Eckverbindung kommt ein Pflock als Stütze.

Wegpflöcke müssen höher als die Rahmen sein, können aber später gekürzt werden. Beetpflöcke, die später Netze halten, sollte man dagegen länger lassen.

Prüfen Sie mit einem Winkeleisen, ob die Ecken im rechten Winkel sind. Befestigen Sie diagonal über den Ecken Latten, die den Rahmen halten.

1 Stecken Sie den Garten mit Stäben und Schnüren ab und legen Sie die Beetrahmen probehalber aus. Vermutlich liegen sie anfangs nicht ganz gerade auf, weshalb man die Erde mit einem Rechen oder Spaten einebnen muss.

2 Sobald die Rahmen auf dem Boden liegen, errechnen Sie die Zahl der benötigten Pflöcke – einen für jede Ecke und einen alle 1,5 m entlang der Seiten – und legen Sie sie aus.

Pflöcke

Die Pflöcke sollten 20 cm länger sein, als die Bretter hoch sind, weil man sie 20 cm tief in die Erde schlägt. Vorher spitzt man ein Ende zu, damit sie sich leichter in den Boden hämmern lassen.

Mit einem Holzstab oder einer Metallstange schlägt man Löcher vor. So werden Steine im Erdreich beiseitegeschoben und das spätere Einschlagen der Pflöcke erleichtert.

Treiben Sie die Pflöcke senkrecht in den Boden. Das obere Ende sollte mit der Oberkante der zu stützenden Bretter abschließen. Dazu schlägt man die Pflöcke so weit wie nötig ein oder schneidet sie ab.

Die Oberkante der Wegbegrenzung sollte etwas höher als das Bodenniveau sein, damit keine Erde auf den Weg fällt.

3 Wenn Sie mit der Anordnung der Beete und Wege zufrieden sind, können Sie die bereitliegenden Pflöcke für die Wegränder einschlagen.

4 Jeder Pflock sollte mindestens 20 cm tief in die Erde geschlagen werden, in weichem Erdreich sogar noch tiefer.

5 Richten Sie die Wegränder an den Pflöcken aus, während die Beetrahmen noch an ihrem Platz liegen. Manche Pflöcke müssen eventuell justiert werden, damit sie in einer Linie stehen.

MATERIAL & WERKZEUG

- Schadstofffreie Bretter, Holzpflöcke, Schrauben, Schnur, Bambusstäbe
- Fäustel, Metallstange, Schraubenzieher, Werkbank, Zwingen, Winkeleisen, Spaten, Rechen

... zu Teil 2

Projekt, Teil 2
Wege: Ränder anlegen

Nach der Planung und den Vorbereitungen für die Wegränder nimmt der Garten allmählich Formen an. Die Pflöcke wurden eingeschlagen, die Wege und Beete sind abgegrenzt. Falls das Areal sich auf ebenem Gelände befindet, fällt das waagrechte Ausrichten der Bretter leicht. Etwas mehr Aufwand ist auf abfallendem Terrain nötig.

Der bestehende Weg zwischen diesem und dem benachbarten Garten war eben – er diente als Richtmaß. Der Wegrand daneben wurde parallel dazu und ähnlich hoch ausgerichtet.

Lage des Areals

Dieses Areal fällt sanft, aber stetig von Nord nach Süd ab. Daher verlaufen die quer zur Geländeneigung stehenden Ränder völlig waagrecht, während die im rechten Winkel dazu leicht schräg stehen. Wenn die Bretter stabil in den Boden eingelassen werden, bleiben die Wege in gutem Zustand.

Zu kurze Bretter kann man verwenden, indem man am Stoß einen Pflock einschlägt. Alternativ verbindet man sie, so wie hier gezeigt, mit einem kurzen Brett und schraubt sie an dieses an.

Schritt 1

Für Seitenwege, die vom Hauptweg abzweigen, lässt man Lücken in der Einfassung. Das ist einfacher, als später Stücke herauszuschneiden.

Holzbretter haben selten mehr als 5 m Länge. Da die meisten Nutzgärten aber länger oder breiter sind, muss man zwangsläufig mit Stößen arbeiten, also Bretter ansetzen.

1 Wählen Sie als Erstes einen ebenen Bereich und schrauben Sie hier die Bretter an die Pflöcke – sie dienen als Richtmaß für weitere Abschnitte. Legen Sie die Bretter an die Pflöcke und justieren Sie die Höhe durch Abgleich mit dem Bodenniveau. Nun werden die Bretter vorübergehend mit Schraubzwingen fixiert oder mit Steinen unterlegt. An manchen Stellen muss der Boden eventuell eingeebnet werden.

2 Sobald die meisten Bretter an den Pflöcken befestigt sind, kann man die Hochbeete probeweise an ihren Standort legen, um ihre Höhe zu prüfen.

3 Nun sind die Seitenwege an der Reihe. Dabei orientiert man sich am Hauptweg. Richten Sie die Bretter vor dem Befestigen aus, um ggf. den Boden zu nivellieren.

Befinden sich die Rahmen an ihrem endgültigen Platz, kann man gut erkennen, wo Erdreich umgeschichtet werden muss, damit sie gut auf dem Boden aufliegen.

An den Ecken befestigt man die Bretter an Pflöcken. So entstehen feste Verbindungen.

Schlagen Sie die Pflöcke so weit ein, dass sie mit der Oberkante der Bretter abschließen. Dann werden sie ganz normal angeschraubt.

Für überschüssige Erde hat man in Gärten immer Verwendung. Was nach dem Anlegen der Wege übrig bleibt, wird für die Hochbeete verwendet oder an anderer Stelle eingesetzt.

4 Sind alle Wegränder angebracht, braucht man eventuell zusätzliche Pflöcke, um die Bretter zu fixieren. Dies kann vor allem an Hängen erforderlich sein.

5 Nun stehen der Verlauf der Wege und die Lage der Beete fest, sodass man sehen kann, wo Wege nivelliert und Beete aufgeschüttet werden müssen.

... zu Teil 3

Projekt, Teil 3

Wege: Trittfläche anlegen

Die Wegbegrenzungen sind verlegt und der Garten nimmt allmählich Formen an. Nun muss noch die Trittfläche angelegt werden, damit die Wege lange Zeit halten und leicht zu pflegen sind. Zudem gilt es, die Rahmen für die Hochbeete aufzustellen. Anschließend steht der Bepflanzung nichts mehr im Wege.

Unkrautfolie

Nach dem Verlegen stopft man die Folie unter die Wegbegrenzung – das verhindert, dass Unkraut entlang der Ränder zu sprießen beginnt. Sitzen die Bretter sehr fest, kratzt man etwas Erde unter dem Holz weg und schiebt die Folie darunter.

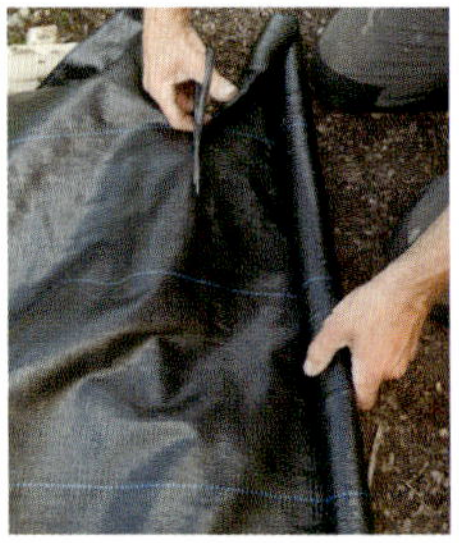

Schneiden Sie mit einer Schere oder einem Messer überschüssige Folie ab, sobald die Wege abgedeckt sind.

Schritt 2

Mit Steinen oder Ziegeln fixiert man die Folie, während man sie verlegt.

Schritt 1

Kippen Sie Rindenmulch oder Kies auf die Folie.

1 Zunächst wird Unkrautfolie auf die Wege gelegt. Die Ränder lässt man etwas in die späteren Hochbeete hineinragen. Auf die verlegte Folie wird Rindenmulch oder Kies gestreut und gleichmäßig verteilt.

2 Decken Sie nach und nach alle Wege mit Folie ab. Für das Verlegen und Festhalten brauchen Sie eventuell Hilfe.

Die Hochbeete müssen mit den Wegrändern abschließen. Legen Sie dazu ein gerades Brett darüber, justieren Sie jeden Rahmen entsprechend und schrauben Sie ihn erst danach an die Pflöcke.

Die Beetrahmen fixieren die Unkrautfolie nach dem Befestigen. Haben Sie diagonale Bretter über den Ecken angebracht (*siehe Seite 32*), können Sie sie nun wieder entfernen.

3 Legen Sie die Beetrahmen aus und ziehen Sie die Folie unter den Brettern durch. Nun werden die Rahmen an die Pflöcke geschraubt.

4 Ist die gesamte Folie erst einmal auf den Wegen ausgelegt und unter die Bretter gezogen, schneidet man überschüssige Folie ab.

5 Irgendwann setzt sich der Weg, sodass er etwas aufgefüllt werden muss. Streuen Sie jährlich eine frische Lage Rindenmulch bzw. Kies darauf und jäten Sie Unkraut, das hervorspitzt, sogleich aus.

Nehmen Sie die Steine oder Ziegel weg, mit denen Sie die Folie beschwert haben. Nun können Sie den Rindenmulch bzw. Kies verteilen, sodass er den gesamten Weg bedeckt. Zerreißen Sie dabei aber nicht die Folie.

Treten Sie den Mulch bzw. Kies fest. So entsteht eine feste, dauerhafte Oberfläche.

MATERIAL & WERKZEUG

- Unkrautfolie, Rindenmulch oder Kies
- Messer oder Schere, Schubkarren, Rechen, Schaufel

Projekt, Teil 4
Hochbeete

Zum Schluss werden die Hochbeete fertiggestellt und mit Erde gefüllt, sodass sie besät und bepflanzt werden können. Ihre Höhe ist abhängig vom Boden unter der Beetfüllung und den Pflanzen, die Sie kultivieren wollen. Wenn Wurzelgemüse angebaut werden soll und das Erdreich karg ist, wählt man höhere Beete.

Die Bretter, die den Beetrahmen bilden, werden nicht nur aneinandergeschraubt, sondern auch an den Eckpflöcken befestigt.

1 Auf die Vorbereitungen für den Bau der Hochbeete wurde bereits auf Seite 32 eingegangen. Je nach Bepflanzung legt man sie etwas höher oder flacher an. Dies kann man über die Breite der Bretter variieren.

2 Sobald die Rahmen auf dem Boden liegen und an den Pflöcken befestigt sind, füllt man sie mit Erde.

3 Harken Sie den Boden eben, sodass er mit der Oberkante der Rahmen abschließt. Größere Steine und Unrat werden herausgeholt. Vor dem Bepflanzen arbeitet man gut verrottete organische Substanz ein.

MATERIAL & WERKZEUG

- Schadstofffreie Holzbretter, Schrauben, Nägel
- Hammer, Schraubenzieher, Schaufel, Rechen

Einfache Lösungen

Hochbeete haben einen großen Vorteil: Man kann sie exakt an die eigenen Bedürfnisse anpassen. Dazu gehört auch, dass man ihre Konstruktion einfach gestaltet. Sie lassen sich aus allem bauen, was Erde hält, und müssen nicht von Dauer sein. Selbst große Steine und alte Balken eignen sich als Fassung für improvisierte Hochbeete. Man bekommt sie aber auch im Handel als Bausätze.

Improvisiert Große Pflanzgefäße ergeben im Pulk gute Hochbeete für den vorübergehenden Einsatz. Man stellt sie so eng wie möglich zusammen.

Bausätze Es gibt etliche Bausätze für Hochbeete – ob aus Beton, Holz, Flechtpaneelen oder Kunststoff. Die meisten steckt man einfach zusammen.

Hohe Pflöcke stehen an den Ecken dieser Hochbeete. Über sie kann man ein Netz legen, das die Pflanzen vor Schädlingen schützt.

Ein typisches Hochbeet ist etwa 15 cm hoch, kann aber auch höher sein. Hier reichen die Pflöcke nur bis zur Oberkante der Rahmen.

Dieses ebenerdige Beet hat einen Holzrahmen bekommen. Er bildet eine Barriere, die verhindert, dass die gute Erde – oder die Pflanzen – nach draußen wandern.

Schritt 4

Schützen

Schutz vor Wind, Frost und Schädlingen • Tierzäune • Gewächshäuser und Frühbeete • Frühbeete bauen • Abdeckungen

Schritt 4

Schutz vor Wind, Frost und Schädlingen

Der Anbau von eigenem Obst und Gemüse macht viel Spaß. Getrübt wird die Freude mitunter jedoch von unliebsamen Mitessern. Vögel und Schnecken tun sich an Ihrem Gemüse hemmungslos gütlich, wenn Sie ihnen nicht zuvorkommen. Starke Winde wiederum können das Laub der Pflanzen zerfleddern.

Geschlossenes Netz Am einfachsten wehrt man Vögel ab, indem man ein Netz über den ganzen Garten spannt.

Clever schützen

Gute Luftzirkulation hält Pflanzen gesund, denn sie hilft die Ausbreitung von Schädlingen und Krankheiten zu verhindern. Daher sollte Windschutz durchlässig sein. Ziehen Sie Hecken oder Rankgitter Mauern und Paneelen vor.

Rankgitter Kräftige Winde werden durch sie abgebremst, dennoch kann die Luft noch zirkulieren.

Niedrige Barrieren Sie schützen Sämlinge, doch der Wind fegt über sie hinweg und kann höhere Pflanzen schädigen.

Windschutz

Haus- und Schrebergärten liegen oft dicht an dicht, schützen sich also gegenseitig etwas vor Wind. Befinden sie sich jedoch an Hängen oder am Rand eines Grundstücks, können kräftige Winde an den Pflanzen zerren und sie sogar umwerfen. Es gibt etliche Möglichkeiten, Gemüse und Obst vor Böen zu bewahren. Manchmal reicht es schon, eine Barriere an der zur Hauptwindrichtung gewandten Seite zu platzieren.

Stellen Sie einen Windschutz auf, der zur Höhe der Pflanzen passt.

Netze als Schutz vor Vögeln und Insekten

Halten Sie Ausschau nach Schädlingen und versuchen Sie sie abzufangen, bevor sie größeren Schaden anrichten. Denn oft bemerkt man sie erst, wenn es schon zu spät ist. Zu den schlimmsten Rabauken gehören Vögel: Sie machen sich am liebsten über reifes Obst und frische Gemüsetriebe und -blätter her. Den besten Schutz bieten Netzkäfige, die Sie in vielen Varianten bekommen, aber genauso gut selbst basteln können, indem Sie ein paar Bambusstäbe zusammenbinden und das Netz darüberspannen.

Eichhörnchen Gegen sie helfen nur kräftige Gitter, denn mit ihren scharfen Zähnen beißen sie jedes Netz durch.

Kohlweißling Kohlgewächse deckt man am besten mit feinmaschigen Netzen ab, damit der Falter gar nicht erst in ihre Nähe kommt.

Vögel Netzabdeckungen bieten den einzigen wirksamen Schutz vor Vögeln, die nur zu gern zartes Blattgemüse zerrupfen.

Hasen Zäunen Sie Beete mit Maschendrahtzaun ein (*siehe S. 44–47*) und versenken Sie das Geflecht auch ein Stück weit im Boden.

»Zirkulierende Luft tut Pflanzen gut. Daher sollte ein Windschutz durchlässig sein.«

Schnecken

Schnecken fressen Sämlinge binnen Stunden kahl. Schützen Sie die Pflänzchen mit Kies-, Sand- und Kleiestreifen oder Kupferbarrieren – Materialien also, die die Schnecken nicht gern überwinden. Auch das Versenken biergefüllter Behälter im Boden hilft: Das Bier lockt die Tiere an, sie fallen hinein und ertrinken.

Kunststoffringe

Kupferbarrieren

Kohlmanschetten

Projekt, Teil 1
Hasenzaun

Hasen und Kaninchen machen sich über verschiedene Pflanzen her und können in Gemüse- und Obstpflanzungen vor allem nachts beträchtlichen Schaden anrichten. Falls Ihr Garten in einer Gegend mit vielen Hasen oder Kaninchen liegt, sollten Sie einen Zaun errichten, den die Nager nicht überwinden können.

Als Erstes werden die vier Eckpfosten eingeschlagen. Danach spannt man eine Schnur zwischen ihnen, an der man die übrigen Pfosten so ausrichten kann, dass sie in einer Linie stehen. Das sieht nicht nur besser aus, sondern erleichtert später auch das Spannen des Maschendrahts.

Schritt 1

Schritt 2

Die Pfosten sollten rund 30 cm tief eingeschlagen werden – in lockeren Böden eventuell auch tiefer.

Schritt 3

Lassen Sie genug Platz für die Gartentür. Zwischen Tür und Pfosten auf jeder Seite sollte eine Lücke von 1 cm bleiben, damit man sie gut öffnen und schließen kann.

1 Bohren Sie mit einer Stange oder einem Stock an jeder Ecke des zu umzäunenden Bereichs ein Loch in die Erde. Es sollte 30 cm tief und schmaler als die Zaunpfosten sein.

2 Schlagen Sie die Eckpfosten so in die vorgebohrten Löcher, dass sie gleich hoch sind. Verwenden Sie dazu einen Vorschlaghammer, der allerdings die oberen Enden leicht splittern lässt, oder eine Pfahlramme (*siehe Bild*), die den Pfosten schonender und gerader in die Erde treibt.

3 Spannen Sie zwischen den vier Eckpfosten eine Schnur, an der Sie die Pfosten dazwischen ausrichten können. Der Abstand zwischen den Pfosten sollte etwa 1,8 m betragen.

Der Graben wird ausgehoben, um das untere Ende des Maschendrahts im Boden zu versenken. So können sich Kaninchen nicht unten durchgraben.

Stützpfosten

Eck- und Torpfosten sollten besonders stabil stehen, da sie dem Zug des gespannten Maschendrahts standhalten bzw. das Gewicht der Tür tragen müssen. Daher verwendet man besonders kräftige Pfosten oder stützt sie mit diagonalen Streben (*siehe S. 196*).

Rollen Sie den Maschendraht bis zum nächsten Pfosten und darüber hinaus aus. Die unteren 10 cm werden so zur Seite geklappt, dass sie am Boden des Grabens zu liegen kommen. Tragen Sie dabei Handschuhe.

4 Treiben Sie die Pfosten fest in die Erde. Nun wird ein 15 cm breiter und tiefer Graben am Gartenrand entlang gegraben.

5 Nageln oder tackern Sie den Beginn einer 1,25 m hohen Maschendrahtrolle so an einen Eckpfosten, dass sich das obere Ende in 1 m Höhe befindet. Das untere Ende muss in den Graben hineinragen.

6 Spannen Sie den Zaun mit einer Zaunzange oder mithilfe eines Helfers durch Ziehen. Anschließend wird er an die Pfosten genagelt oder getackert.

MATERIAL & WERKZEUG

- Pfosten (rund oder halbrund, 1,5 m lang), Maschendraht (verzinkt, 1,25 m hoch, Maschenweite höchstens 25 mm), U-Nägel, Dachpappstifte, imprägnierte Bretter für die Zaunoberkante, Schrauben
- Zaunzange oder Klauenhammer, Vorschlaghammer oder Pfahlramme, Metallstange oder schmaler Holzpflock, Handsäge, Schraubenzieher, Wasserwaage

Schneiden Sie den Draht hinter dem letzten Pfosten ab, schlagen Sie das Ende nach innen und nageln Sie es so an, dass man sich nicht daran verletzt.

… zu Teil 2

Projekt, Teil 2
Hasenzaun

Ist der Maschendraht befestigt, bekommt der Zaun den letzten Schliff. Ein Brett als Oberkante sieht gut aus und verhindert, dass der Maschendraht durchzuhängen beginnt. Eine passende Gartentür erleichtert Ihnen – nicht jedoch Hasen und Kaninchen – den Zugang.

MATERIAL & WERKZEUG

- Gebrauchte Tür, Riegel, Scharniere
- Werkzeug wie auf S. 45 beschrieben

Schritt 9

Fixieren Sie die Bretter vorerst provisorisch – später werden sie mit mindestens 5 cm langen Schrauben befestigt. Die Enden der einzelnen Bretter sollten an den Pfosten aneinanderstoßen.

Stampfen Sie die Erde vor allem um die Pfosten gut fest. Anschließend wird die Oberfläche glatt geharkt.

Schritt 8

Schieben Sie den Aushub in den Graben zurück und harken Sie ihn eben. Der Maschendraht muss überall tief im Boden stecken.

Schritt 7

7 Füllen Sie den Aushub wieder in den Graben zurück, sodass der untere Rand des Maschendrahts im Boden versenkt ist.

8 Nach dem Auffüllen muss die Erde im Graben auf der ganzen Länge gut festgetreten werden.

9 Spannen Sie in 1 m Höhe eine Schnur und richten Sie das Brett, das als Oberkante des Zauns dienen soll, daran aus. Der Maschendraht sollte etwa bis zur Brettmitte reichen und dort angenagelt werden.

Man kann die Pfosten kürzen, damit sie mit den Brettern abschließen. Sie dürfen aber auch darüber hinausragen.

Schrauben Sie die Scharniere fest – zunächst nur mit ein oder zwei Schrauben, um zu sehen, ob sich die Tür gut öffnen und schließen lässt.

Mit schrägen Pflöcken kann man die Tür- und Eckpfosten stützen, damit sie stabiler stehen.

10 Ziehen Sie den Maschendraht nach oben, sodass er straff gespannt ist, und nageln oder tackern Sie ihn auf der ganzen Zaunlänge innen an das Brett.

11 Nun können die über das Brett ragenden Pfosten gekürzt werden. Die Tür fixiert man mit Holzresten so zwischen den Pfosten, dass möglichst schmale, aber zu beiden Seiten gleich große Lücken bleiben. Markieren Sie die Stelle, an der die Scharniere befestigt werden sollen, und schrauben Sie die Scharniere an.

Hasen können nicht klettern. Der eingegrabene Teil des Maschendrahts hindert sie außerdem daran, sich unter dem Zaun durchzugraben. Abgesehen davon sieht ein solcher Zaun auch gut aus.

Gewächshäuser und Frühbeete

Ein Gewächshaus wertet jeden Gemüsegarten auf. Es garantiert Jungpflänzchen einen optimalen Start ins Leben, bietet empfindlichen Sorten Schutz und verlängert die Anbausaison. Das gilt auch für Frühbeete; sie sind außerdem ideal zum Abhärten von Gewächsen, die ins Freiland sollen.

Schatten Diese Rebe spendet im Sommer Schatten und verhindert, dass die Pflanzen unter Glas versengen oder einen Hitzeschock bekommen. Auch Schattierungsnetze und Farbe helfen.

Gewächshäuser

Gewächshäuser gibt es in verschiedenen Größen und Materialien. Man kann sie an die unterschiedlichsten Arten von Pflanzen anpassen und ganzjährig nutzen. Neue Modelle sind mitunter recht teuer, doch findet man gelegentlich gebrauchte Exemplare.

◆ **DIE VORZÜGE** eines Gewächshauses liegen auf der Hand: Sie bieten Sämlingen ideale Wuchsbedingungen, ermöglichen die Kultur wärmeliebender Pflanzen wie Auberginen und lassen sich zum Unterstellen von Töpfen nutzen. Und man kann in ihnen auch bei schlechtem Wetter geschützt arbeiten.

Bieten Sie Pflanzen ideale Wuchsbedingungen.

Sammeln Sie reichlich Regenwasser.

Pflanzen Sie direkt in Rabatten.

»Unter Glas fühlen sich wärmeliebende Pflanzen wohl.«

Frühbeete

In manchen Haus- und Schrebergärten sind große Treibhäuser nicht erlaubt, weshalb man sich auf Frühbeete oder Minigewächshäuser aus Kunststoff beschränken muss. Doch auch diese haben viele Vorteile. Frühbeete sind niedrig und eignen sich bestens dafür, Pflänzchen nach dem Keimen an die Temperaturen im Freien zu gewöhnen. Sie schützen früh ausgesäte Sorten vor Frösten und verlängern damit die Anbausaison. Minigewächshäuser reichen meist für die Kultur einiger Stabtomaten, Paprika, Chilis oder Auberginen.

Vorübergehender Schutz Leichte Minigewächshäuser zum Aufklappen kann man über Gemüsepflanzen stellen.

Reifehäuschen Wo Platz Mangelware ist, stellt man für wärmeliebendes Gemüse aufklappbare Folienhauben aus Plastik auf.

Kunststoffabdeckung Durchsichtige Plastikabdeckungen zersplittern nicht wie Glas und sind in Gärten mit Kindern anzuraten.

Holzrahmen

Frühbeete gibt es als Bausätze, doch kann man sie sich auch selbst zimmern. Ihr Fundament baut man aus Ziegeln oder Holz, ein alter Fensterrahmen dient als Deckel. Sie können dauerhaft oder vorübergehend aufgestellt werden.

Bausätze Frühbeete gibt es in den unterschiedlichsten Größen. Meist lassen sie sich schnell und problemlos zusammenbauen.

Wiederverwertet Aus alten Fensterrahmen, Schranktüren aus Glas oder Bilderrahmen kann man großartige Frühbeete bauen.

Selbst gemacht (*siehe S. 50*) Dieses Frühbeet hat man aus den Wänden eines alten Schuppens und einem Fenster gezimmert.

Projekt Frühbeet

Frühbeete sind unbeheizte Kästen mit Glasdeckel, in denen Pflanzen vor Regen, Wind und Kälte geschützt wachsen können. Unschätzbare Dienste leisten sie im Frühjahr beim Abhärten von Sämlingen, doch kann man sie auch für die Aussaat oder als Winterschutz gut brauchen.

Die Schräge der beiden obersten Seitenbretter muss denselben Winkel haben, sonst schließt der Deckel nicht richtig. Zeichnen Sie den Schnittverlauf vor dem Sägen auf die Bretter.

Schritt 3

Verstärken Sie die Oberkante des Rahmens mit Latten.

MATERIAL & WERKZEUG

- 1 alter Fensterrahmen, schadstofffreie Holzbretter, 4 Eckpfosten, Nägel, Scharniere, Unkrautfolie
- Hammer, Bohrmaschine, Schraubenzieher, Elektrotacker, Zwingen, Säge

Schritt 2

Die Rückseite sollte etwas höher sein als die Vorderseite, damit viel Sonnenlicht ins Beet fällt, aber Regenwasser ablaufen kann.

Schraubzwingen halten den Rahmen exakt im rechten Winkel, während man die Bretter anschraubt.

Die Bretter werden Kante an Kante aneinandergelegt und an die Pfosten geschraubt.

Schritt 1

1 Die Größe des Frühbeets wird von der Abdeckung vorgegeben, die man daher als Erstes ausmisst. Sägen Sie Bretter und Pfosten in passender Länge zurecht.

2 Bauen Sie zunächst zwei gegenüberliegende Seiten zusammen. Dann lassen sich die beiden letzten Seiten später leichter zusammenschrauben.

3 Ist der Kasten fertig, schneiden Sie die beiden obersten seitlichen Bretter schräg zu.

Schritt 4

Lüftungsschlitz

Frühbeete müssen sich gut belüften lassen, sonst staut sich heiße Luft und lässt die Pflanzen an warmen Tagen welken. Es reicht schon ein Schlitz von nur 5 cm, um genügend frische Luft ins Innere zu lassen.

Lüftungsschlitz

Ein altes Scharnier und ein Stück Holz lassen sich zu einem einfachen, aber wirkungsvollen Lüftungssystem kombinieren.

Schritt 5

Der Fensterrahmen kann etwas größer als der Beetkasten sein, damit die Ränder besser vor Regen geschützt sind.

4 Damit kein Unkraut ins Frühbeet eindringt, tackert man Unkrautfolie an die Unterseite.

5 Der Fensterrahmen braucht kräftige Scharniere, wenn er als Deckel dienen soll. Sind die Bretter eher dünn, schraubt man die Scharniere besser an die Pfosten.

Ein Deckel mit Scharnier erleichtert die Pflege der Pflanzen wesentlich. Größe und Standort müssen so gewählt werden, dass man jede Ecke im Frühbeet bequem erreicht.

Deckelstütze

Es gibt mehrere Möglichkeiten, den Deckel zu stützen, während man die Pflanzen pflegt. Hier kommen eine Latte und ein Stück Holz zum Einsatz. Die Latte rastet in einer Aussparung des Holzstücks sicher ein.

Deckelstütze

Abdeckungen

Mit Abdeckungen schützt man Jungpflanzen, denen ein bisschen zusätzliche Wärme zu Saisonbeginn guttut. Gute Dienste leisten die Hauben aber auch, um im Frühjahr Böden vor dem Besäen oder Bepflanzen zu erwärmen und so das Wachstum zu beschleunigen.

Bambuskörbe Diese offen geflochtenen Hauben schützen Pflanzen vor größeren Schädlingen wie Kaninchen, aber auch vor starkem Wind.

Arten von Abdeckungen

Abdeckungen gibt es in den verschiedensten Ausführungen und Formen. Die meisten Hobbygärtner verwenden Folientunnel aus Drahtbügeln, über die eine Kunststofffolie gespannt ist. Je nach Größe lassen sich damit ganze Beete abdecken.

◆ **BELÜFTUNG** ist das A und O bei Abdeckungen, denn die Pflanzen darunter können einen Hitzeschock erleiden, wenn die pralle Sonne daraufscheint. Auch müssen die Gewächse gut gewässert werden, da kein Regen zu den Wurzeln gelangt.

Minigewächshäuser

Plastiktunnel

Moderne Kunststoffhauben

Selbst gemacht

Im Fachhandel gibt es die verschiedensten Ausführungen, doch kann man sich seine Abdeckungen genauso gut selbst basteln. Das Gerüst für Folientunnel etwa lässt sich aus alten Leitungen oder Drähten errichten, die man zu Halbkreisen zurechtbiegt. Auch aneinandergelehnte Glasscheiben schützen Jungpflanzen. Über kleinere Pflänzchen kann man Plastikflaschen mit abgeschnittenem Boden stülpen.

Ein improvisiertes Gewächshaus aus alten Glasscheiben und Stöcken

Plastikflaschen schützen vor Schädlingen.

Aufbewahrung Abdeckungen aus Plastikflaschen sind gut aufgehoben und immer griffbereit, wenn man sie auf Stöcke steckt. Das verhindert zudem, dass der Wind sie wegbläst.

Projekt Abdeckung aus einem Hängekorb

1 Ein alter Hängekorb lässt sich gut zu einer Abdeckung umfunktionieren. Man überzieht ihn mit einer Folie, die mit Draht fixiert wird.

2 Die Folie sollte halbwegs gespannt bleiben. Überschüssiges Material wird abgeschnitten, damit das Plastik den Korb sauber bedeckt.

3 Wenn Minustemperaturen drohen, stülpt man die Abdeckung über empfindliche Setzlinge und klammert sie am Boden fest.

Schritt 5

Düngen und Mulchen

Granulat • Tomatendünger • Flüssigdünger aus Beinwell • Kompostieren • Komposter aus gebrauchten Materialien

Schritt 5

Düngen und Mulchen

Manchmal fehlen dem Boden wichtige Nährstoffe, vor allem wenn er vorher durch andere Nutzpflanzen ausgezehrt wurde. Düngen und Mulchen hält Pflanzen gesund und sorgt dafür, dass Sie fast das ganze Jahr über gute Erträge ernten können. Mulchen verbessert außerdem die Bodenqualität, hält Unkraut in Schach und verringert die Verdunstung von Wasser.

Keimlinge Gut verrotteter Stallmist oder Komposterde ist das ideale Mulchmaterial für Jungpflanzen. Es speichert Feuchtigkeit und unterdrückt Unkraut.

Dünger Tragen Sie beim Ausbringen Handschuhe und lesen Sie die Gebrauchs- und Dosieranleitung. Mitunter ist sogar das Tragen einer Schutzmaske ratsam.

Mulchen

Vielerlei Materialien lassen sich als Mulch nutzen, etwa gut verrotteter Stallmist oder Komposterde.

◆ **OBSTBÄUME** und -sträucher werden in der Regel im zeitigen Frühjahr gemulcht. Dabei achtet man darauf, dass das Mulchmaterial nicht mit dem Stamm in Berührung kommt, da das Holz sonst zu faulen beginnt und die Pflanze eingeht. Mulchen Sie den Bereich unterhalb des Laubdachs mit einer 5 cm hohen Schicht.

◆ **GEMÜSEBEETE** mulcht man im Herbst, wenn sie leer sind. So hat das Mulchmaterial Zeit, zu verrotten und sich mit dem Erdreich zu vermischen, bevor der Boden im Frühjahr neu bepflanzt wird.

◆ **MULCHEN SIE** den Bereich um Jungpflanzen. Das hilft dem Boden Feuchtigkeit zu speichern und verhindert, dass Unkraut keimt.

Düngergranulat

Damit Pflanzen schon beim Start in die Saison die nötigen Nährstoffe bekommen, gibt man Düngergranulat in das Pflanzloch. Dabei handelt es sich in der Regel um mineralische Langzeitdünger. Es gibt sie als Präparate mit unterschiedlicher Wirkdauer – von einigen Wochen bis zu einem Jahr.

Streuen Sie das Granulat in das Pflanzloch.

Setzen Sie die Pflanze in das Loch.

Der Dünger gibt seine Nährstoffe langsam ab.

Düngen, richtig gemacht

Dünger ist gewöhnlich als Flüssigkeit, Granulat oder Pulver erhältlich. Flüssigdünger wird ins Gießwasser gegeben, also verdünnt, während man Granulat und Pulver meist in der empfohlenen Menge ausstreut. In den Boden arbeitet man die Präparate vor dem Mulchen und der Aussaat ein, indem man sie mit dem Rechen einharkt. Tragen Sie beim Umgang mit Granulat und Pulver immer Handschuhe und lesen Sie sich die Gebrauchsanleitungen des Herstellers gut durch. Nicht gedüngt werden sollte in praller Sonne, da die Kombination aus Licht und Chemie Pflanzen schädigen kann.

Pulver Manche Pulverdünger müssen mit Wasser verdünnt werden. Rühren Sie die Mixtur vor dem Gießen mit einem alten Stock gut um.

Auf direktem Weg Gießt man das Präparat in eine Plastikflasche, die in der Erde versenkt wurde, gelangen die Nährstoffe direkt zu den Wurzeln.

Einharken Vor dem Bepflanzen des Beets arbeitet man das Langzeitdüngergranulat mit dem Rechen in das Erdreich ein.

Ohne Brause Die meisten Dünger werden von den Wurzeln aufgenommen. Mit einer Kanne ohne Brauseaufsatz kann man gezielt wässern.

»Tomatendünger enthält hohe Anteile Kalium und verbessert den Fruchtansatz.«

Tomatendünger

Dieser Dünger wird mit Wasser verdünnt in einer Gießkanne ausgebracht. Tomatendünger enthält viel Kalium und eignet sich nicht nur für Tomaten, sondern für alle Fruchtgemüse, denn er verbessert Farbe und Geschmack der Früchte. Verwöhnen Sie Ihre Pflanzen ab der Blüte damit.

Die Menge wird exakt abgemessen.

Geben Sie den Dünger in eine Gießkanne …

… und verdünnen Sie ihn wie angegeben.

Projekt
Flüssigdünger aus Beinwell

Für manche Gärtner ist Beinwell fast eine Wunderpflanze, denn aus ihm kann man ohne großen Aufwand eine nährstoffreiche Jauche ansetzen. Pflanzen Sie das Kraut in Ihrem Garten – es gedeiht rasch und liefert kostenlos einen vorzüglichen Naturdünger für Obst und Gemüse.

MATERIAL & WERKZEUG

- Beinwell, Wasser
- 2 saubere Kunststoffflaschen mit Verschluss, Gartenschere, Gießkanne, Sieb

Anspruchslos

Beinwell lässt sich zwar aussäen, wesentlich einfacher ist jedoch die Anzucht aus Stecklingen und vor allem aus Wurzelschnittlingen, die man am besten während der Ruhephase pflanzt. Sogar scheinbar schwächliche Stecklinge treiben bei geeigneter Pflege bereitwillig aus und wachsen gut heran.

Beinwell ist so anspruchslos, dass man schon fast Schwierigkeiten hat, ihn wieder loszuwerden. Man pflanzt ihn in kleineren Gärten deshalb am besten in Gefäßen, damit er sich nicht zu stark ausbreitet.

Schritt 2

Die abgeschnittenen Triebe sollten nicht länger als die Flasche sein, in der man den Dünger ansetzen will.

Schritt 1

Saubere Kunststoffflaschen mit 2 Liter Inhalt sind ideal zum Ansetzen von Beinwelljauche. Fünf bis sechs Triebe pro Flasche reichen.

1 Das Laub gut eingewachsener Beinwellhorste lässt sich zwischen dem späten Frühjahr und Herbst vier- bis fünfmal ernten. Dazu schneidet man etwa 20 cm lange Triebe ab. Man kann sie von jeder beliebigen Stelle der Pflanze nehmen, denn sie wachsen meist schnell wieder nach.

2 Stopfen Sie die abgeschnittenen Teile in eine gespülte Flasche mit großer Öffnung und einem gut schließenden Deckel. Ideal sind Gefäße mit Griff, damit man den Inhalt später bequem ausgießen kann.

Schritt 3

Verwendung

Beinwelljauche kann wie jeder andere Flüssigdünger verwendet werden. Vor allem Tomaten und Zucchini profitieren von ihr. Früher wurden abgeschnittene Beinwelltriebe außerdem oft in Furchen gelegt, in die man Kartoffeln pflanzte. Sogar als »Kompostbeschleuniger« leistet die nährstoffreiche Brühe hervorragende Dienste.

Schritt 4

Nach 4–5 Wochen zersetzen sich die Blätter. Die dabei entstehende Jauche riecht recht streng.

3 Füllen Sie die Flasche mit Leitungswasser.

4 Schließen Sie den Deckel und schütteln Sie die Flasche, damit die Blätter gut verteilt sind.

5 Nach etwa einem Monat gießen Sie die Flüssigkeit durch ein Sieb in eine zweite, saubere Plastikflasche. Nun kann sie bis zum Gebrauch gelagert werden.

Schritt 5

Manchmal ist es einfacher, die fertige Jauche zunächst in eine Kanne und erst dann in ein sauberes Gefäß umzufüllen.

Verdünnen Sie Beinwelljauche vor dem Ausbringen im Verhältnis 1:10 mit Wasser. Je dunkler die Flüssigkeit, desto stärker sollte sie verdünnt werden.

Schritt 5 Kompostieren

Kein Nutzgarten kommt ohne Kompost aus. Er lockert Lehmböden, verbessert die wasserspeichernden Eigenschaften von sandigem Erdreich und liefert den Pflanzen wertvolle Nährstoffe. Allerdings dauert es seine Zeit, bis ein Komposter den nötigen Humus liefert. Deshalb sollte man mit dem Ansetzen so früh wie möglich beginnen.

Gut versteckt Komposter sind kein schöner Anblick, lassen sich aber mit Rankgittern, Blumen oder Kletterern wie Bohnen kaschieren.

Idealmischung
Hochwertige Komposterde bekommt man, indem man zwei Teile kohlenstoffreiches Material wie Herbstlaub und Holzschnipsel mit einem Teil stickstoffreichem Material wie Grasschnitt kombiniert.

Warum Kompost?

Es gibt viele gute Gründe, sich einen Komposthaufen zuzulegen. Der offensichtlichste: Er liefert ausgezeichnetes bodenverbesserndes Material, besser als alles, was man im Handel bekommt – und obendrein völlig kostenlos. Ein Komposthaufen ist die bequemste Möglichkeit, Küchen- und Gartenabfälle loszuwerden, die man ansonsten wegwerfen müsste. Wer seine eigene Komposterde erzeugt, weiß, was in seinen Boden und damit letztendlich auch auf seinen Tisch kommt – besonders Biogärtnern ist das wichtig. Zu guter Letzt sind Komposthaufen wertvolle Lebensräume für Nützlinge wie Käfer und Hundertfüßler.

Komposter wenden

Der Inhalt eines Komposthaufens sollte monatlich gewendet werden – das belüftet ihn und beschleunigt den Zersetzungsprozess. Nehmen Sie das Material vom Grund des Haufens heraus und werfen Sie es obenauf. Die Komposterde ist fertig, wenn sie eine dunkelbraune Farbe und krümelige, bodenähnliche Struktur hat und nach feuchtem Waldboden riecht. Sie darf weder stinken noch schleimig sein.

Einmal monatlich wenden

TIPPS UND TRICKS

- Legen Sie am besten gleich mehrere Komposthaufen an.
- Decken Sie den Komposter ab, damit kein Material weggeschwemmt wird.
- Wenden Sie den Haufen monatlich.
- Trocknet der Inhalt im Sommer aus, sollte man ihn anfeuchten.
- Nicht auf den Komposter gehören: infizierte bzw. kranke Pflanzenabfälle, Fleisch und gekochte Essensreste.

Komposter

Die Auswahl an Kompostern im Handel ist groß: Man bekommt Ausführungen aus Kunststoff oder Holz, als Bausatz oder fertig zum Aufstellen. Wählen Sie eine Größe und Machart, die auf Ihre Bedürfnisse abgestimmt ist. Ideal sind zwei Haufen, damit man den einen leeren kann, während man den anderen füllt. In Kleingartenanlagen werden sie manchmal kostenlos oder sehr billig angeboten, doch kann man sie auch problemlos selbst basteln. Man braucht lediglich ein großes stabiles Gefäß, in das es nicht hineinregnet, das aber trotzdem Luft zirkulieren lässt und unten einen Ablauf hat.

Recycling Dieser Komposter wurde aus schadstofffreien Holzpaletten zusammengebaut. Bauzeit: etwa eine Stunde (*siehe Projekt, S. 62–63*).

Stapelsystem Manche Komposter bestehen aus einzelnen Etagen, die man nach und nach aufeinanderstecken kann.

Thermokomposter Solche Kunststoffbehälter sind sehr beliebt und sofort aufgestellt. Sie haben oben einen Deckel und unten eine Klappe.

Drehkomposter Die Trommel lässt sich umstürzen. Dadurch vermischt sich der Inhalt mit Luft, was den Zersetzungsprozess beschleunigt.

Schnellkomposter Die Schlitze in den Seitenwänden lassen Luft zirkulieren. Der Zersetzungsprozess läuft relativ rasch ab.

Altreifen Wer ein paar alte Reifen übrig hat, kann sie zu einem billigen, einfachen Komposter stapeln.

Trommelkomposter Das kleine, drehbare Gefäß liefert rasch fertigen Humus auf kleinstem Raum. Die Trommel wird wöchentlich gedreht.

Gartensack Grünabfälle verrotten in fast allen Behältern. Selbst Gartensäcke aus besonders festem Material eignen sich als Komposter.

Projekt Komposter

Kein Garten ist komplett ohne Kompost. Um Garten- und Küchenabfälle optimal zu verwerten, bauen Sie sich am besten Ihren eigenen Komposter. Der damit gewonnene Humus sorgt dafür, dass Obst und Gemüse prächtig gedeihen. Das hier gezeigte Exemplar besteht komplett aus gebrauchten Materialien.

An den Ecken werden Leisten befestigt, damit der Kompost die Paletten nicht auseinanderdrückt. Mit Zwingen fixiert man sie und schraubt sie anschließend an.

Schritt 3

MATERIAL & WERKZEUG

- 4 schadstofffreie Paletten, 2 Scharniere, Leisten oder Bretter, Schrauben
- Schraubenzieher, Hammer, Schraubzwingen, Handsäge

Schritt 2

Paletten haben an jeder Seite dicke Balken. Sie eignen sich bestens zum Zusammenschrauben und sind stabiler als dünne Bretter.

Sie brauchen vermutlich einen Helfer, der die Paletten hält. Ist der Boden eben, stehen sie aber vielleicht sogar alleine.

Schritt 1

1 Suchen Sie sich einen geeigneten Standort für den Komposter. Ebnen Sie den Boden grob ein, damit die Paletten gerade stehen, und stellen Sie sie hochkant.

2 Sobald die Paletten mehr oder weniger im rechten Winkel zueinander stehen, werden sie mit zwei bis drei kräftigen Holzschrauben an jeder Ecke verbunden.

3 Die Ecken werden mit Leisten oder Brettern zusätzlich verstärkt. Der Inhalt eines gefüllten Komposters hat ein ziemliches Gewicht, weshalb die Seiten ausreichend stabil sein müssen.

Abdeckung

Damit der Inhalt des Komposters nicht zu nass wird, deckt man ihn mit einem alten Teppich oder einer Plane ab. Legen Sie die Bahn einfach darüber und binden Sie sie fest, damit der Wind sie nicht wegweht. Bei Schönwetter nimmt man sie weg, prüft, ob der Kompost nicht zu trocken ist, und feuchtet ihn gegebenenfalls an.

Die Klappe muss sich problemlos öffnen lassen. Damit sie fest geschlossen bleibt, wenn sie zu ist, treibt man einen Stock in den Boden (*siehe oben*) oder legt Steine davor.

4 Der hier gezeigte Komposter bekommt auf einer Seite unten eine mit Scharnieren befestigte Klappe.

5 Der untere Teil einer Palette dient als Klappe. Er wird abgeschnitten und mit Scharnieren wieder am oberen Ende befestigt.

6 Zum Schluss schraubt man ein Lattenstück so an den oberen Rand, dass es sich noch bewegen lässt. Es dient als Riegel, der die Klappe offen hält, wenn man den Komposter leert.

Die Tür kann mit einem Holzriegel offen gehalten werden, den man bei Bedarf nach unten klappt.

Paletten sind zwar sehr robust, doch im Freien verrotten auch sie mit der Zeit. Prüfen Sie die Verbindungen jährlich. Wirkt das Holz morsch, wird es Zeit für einen Austausch. Verwenden Sie jedoch nie Holzschutzmittel, denn es können Schadstoffe in die Komposterde gelangen.

Schritt 6

Wässern und Jäten

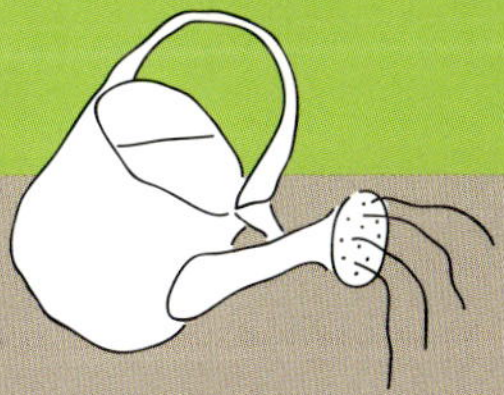

Wässern • Wasseranschlüsse • Unkraut-bekämpfung • Entsorgen von Unkraut

Schritt 6 Wässern

Obst und Gemüse brauchen Wasser, sonst gedeihen sie nicht. Gehen Pflanzen ein, ist oft Wassermangel der Grund. Bei Trockenheit im Sommer sollte man Sämlinge täglich prüfen und gegebenenfalls gießen. Fangen Sie so viel Regenwasser wie möglich auf, um den Verbrauch von Leitungswasser zu senken.

Regentonnen Bringen Sie an Ihrem Schuppen oder Ihrem Gewächshaus Regenrinnen an und leiten Sie das Wasser über das Fallrohr in eine Tonne.

Wassertank und Zisterne Viele Gärtner entscheiden sich für einen Wassertank mit Zisterne. Wird Wasser entnommen, füllt sich der Behälter automatisch wieder.

Nicht zu viel, nicht zu wenig

Die Dosis ist entscheidend: Pflanzen vertrocknen bei Wassermangel, leiden aber auch, falls man zu stark gießt. Obst etwa platzt, wenn man es mit dem Gießen zu gut meint, vor allem kurz vor der Ernte. Gemüse fängt bei zu viel Nässe an zu faulen, Keimlinge werden anfällig für Pilzkrankheiten. Ob eine Pflanze genug Wasser hat, prüft man, indem man den Finger in die Erde steckt: Fühlt sie sich trocken an, braucht sie Feuchtigkeit. Gießen Sie alle paar Tage reichlich, damit das Wasser bis zu den tiefen Wurzeln eindringt.

Wasseranschluss Wertvolle Dienste leistet ein eigener Wasserhahn im Garten. An ihn können Schläuche oder Bewässerungssysteme angeschlossen werden.

Besser wässern

An heißen Sommertagen gießt man am besten abends, wenn es etwas kühler geworden ist, damit die Feuchtigkeit im Boden versickern kann und nicht schon vorher verdunstet. In der prallen Mittagssonne wirken Wassertropfen wie Brenngläser und können die Blätter versengen. Manche Pflanzen vertragen außerdem kein alkalisches Leitungswasser – Heidelbeeren etwa sollte man nur mit Regenwasser gießen. Wie häufig gewässert werden muss, hängt auch von der Durchlässigkeit des Erdreichs ab.

Wässern mit Brause Beim Wässern mit Gießkannen lässt sich die Menge für einzelne Pflanzen gut dosieren. Besonders sanft gießt man mit einem Brauseaufsatz, was vor allem Jungpflanzen guttut.

Pfützen Eine Vertiefung um den Ansatz der Pflanzen bildet ein Reservoir, das man füllt, damit das Wasser langsam bis zu den Wurzeln sickern kann. Allerdings müssen die Wurzeln gut mit Erde bedeckt sein, sonst trocknen sie noch schneller aus oder fallen Schädlingen zum Opfer.

Sprengen Größere Flächen lassen sich am schnellsten mit dem Gartenschlauch wässern. Allerdings geht dabei viel Wasser verloren. Zielen Sie auf den Ansatz der Pflanzen, damit Feuchtigkeit direkt zu den Wurzeln gelangt.

Selbst gemachter Trichter Schneiden Sie den Boden einer Plastikflasche ab und stecken Sie sie neben der Pflanze mit dem Hals nach unten in die Erde. So gelangt das Wasser direkt zu den Wurzeln.

Wasserspender

Wer keine Zeit hat, täglich zu gießen, kann sich mit improvisierten Bewässerungsmethoden behelfen. Hier einige Vorschläge:

Am Tropf Stechen Sie Löcher in den Verschluss und stecken Sie die Plastikflasche in die Erde.

Wasserbeutel Über einen Schlauch sickert Wasser aus einem großen, über einem Beet aufgehängten Beutel in das Erdreich.

WASSER SPAREN

- Nehmen Sie Rücksicht auf andere, wenn Sie gemeinschaftliche Wasserhähne benutzen.
- Wässern Sie nur, wenn das Erdreich trocken ist.
- Gießen Sie morgens oder abends.
- Fangen Sie Regenwasser in Tonnen auf.
- Wässern Sie gezielt den Wurzelraum, damit kein Tropfen verloren geht.

Schritt 6 Unkraut-bekämpfung

Unkräuter sind die Geißel des Gärtners. Sie konkurrieren mit Nutzpflanzen um Wasser, Nährstoffe und Licht, können sie überwuchern und lassen sich nur schwer ausmerzen, wenn sie sich einmal festgesetzt haben.

Prävention

Ganz unkrautfrei wird man seinen Garten nie bekommen, vor allem wenn die Nachbarn es mit dem Jäten nicht allzu genau nehmen. Um das unerwünschte Grün dennoch so gut wie möglich fernzuhalten, unterlegt man unbepflanzte Flächen wie Wege mit Unkrautfolie. Neue Beete kann man mit schwarzer Plastikfolie bespannen und die Setzlinge durch Schlitze pflanzen. Auch regelmäßiges Mulchen dezimiert Unkräuter. Selbst angemessenes Düngen der Nutzpflanzen spielt eine Rolle, denn es macht Gemüse- und Obstgewächse fit für den Konkurrenzdruck. Einen guten Teil des Unkrauts merzt man durch Umgraben aus. Jäten Sie regelmäßig, um eine Ausbreitung der ungebetenen Gäste zu verhindern.

MEHRJÄHRIG

Mehrjährige Unkräuter treiben jedes Jahr aus tief reichenden Wurzeln neu aus und sind sehr schwer loszuwerden. Einige Beispiele:

- Löwenzahn
- Ackerwinde
- Giersch
- Brennnessel
- Jakobs-Greiskraut
- Ampfer

EINJÄHRIG

Der Lebenszyklus einjähriger Unkräuter läuft innerhalb einer Saison ab. Sie wurzeln nicht tief und lassen sich leicht jäten.

- Garten-Schaumkraut
- Hirtentäschel
- Gewöhnliches Greiskraut
- Einjähriges Rispengras
- Kletten-Labkraut

Ziehhacke Mit ihr jätet man flach wurzelnde Unkräuter. Man zieht sie durch die Oberfläche des Erdreichs zu sich her.

Handgabel Damit lassen sich Unkräuter ausstechen, ohne dass benachbarte Gemüsepflanzen beschädigt werden.

Schuffel Wenn man diese Hacke durch die Erde zieht, trennt man die Triebe flach wurzelnder Unkräuter ab.

Vertrocknet Nach dem Jäten mit der Hacke lässt man einjährige Unkräuter einige Tage lang in der Sonne liegen.

Schnelljäten Mit einer Hacke sind einjährige Unkräuter im Nu gejätet. Verwenden Sie Modelle mit langem Stiel.

Kompostieren

Einjährige Unkräuter kann man sofort auf den Kompost werfen, sofern sie noch keine Samen angesetzt haben. Mehrjährige dagegen müssen erst völlig vertrocknet sein.

Einsammeln Geben Sie die Wurzeln frisch gejäteter mehrjähriger Kräuter nicht gleich in den Kompost, da sie sich erholen und auf dem Haufen ausbreiten können.

Ungefährlich Mehrjährige Unkräuter lässt man ein paar Tage lang in der Sonne vertrocknen. Erst dann kann man sie gefahrlos kompostieren (*siehe Projekt S. 162*).

»Unkräuter nehmen Nutzpflanzen Wasser, Nährstoffe und Licht weg.«

Löwenzahnstecher Löwenzahn hat lange Pfahlwurzeln. Sie müssen vollständig entfernt werden, da Reste wieder austreiben.

Grabgabel Mit ihr hebelt man mehrjährige Unkräuter heraus. Ein Spaten würde nur die Wurzeln durchtrennen.

Jäten von Hand Einzelne Unkräuter zwischen Nutzpflanzen kann man auch mit der Hand aus der Erde holen.

Schritt 7

Auswahl der Pflanzen

Eignung für Boden und Lage • Bodenqualität • Gemüse- und Obstsorten auswählen • Schnittblumen

Schritt 7

Auswahl der Pflanzen für Ihren Garten

Manche Pflanzen haben besondere Ansprüche und gedeihen nur unter den für sie geeigneten Bedingungen. Prüfen Sie, welche Böden und Lagen die von Ihnen gewünschten Arten und Sorten brauchen, indem Sie die Hinweise auf Etiketten und Samenpäckchen aufmerksam lesen.

Saftig grün Damit Gemüse so saftig dasteht wie hier, müssen Bodenqualität und Lichtverhältnisse im Garten stimmen.

Bodenqualität

Ihr Gartenboden ist nicht gerade ideal? Kein Grund zum Verzweifeln: Er lässt sich durch Einarbeiten von organischer Substanz wie Stallmist oder Humus verbessern. Erdreich mit schlechter Durchlässigkeit wertet man auf, indem man Kies oder Sand hinzufügt. Ist der Boden alkalisch, kann man jedoch wenig tun, um ihn saurer zu machen, damit er sich beispielsweise für Heidelbeeren eignet. Am besten fügt man sich in sein Schicksal und kultiviert säureliebende Gewächse in Hochbeeten oder Gefäßen, wo man perfekte Bedingungen für sie schaffen kann. Hochbeete lassen sich schnell und billig bauen, Gefäße an einen für sie günstigen Standort stellen.

Alkalische Erde

Ist das Erdreich sauer, können manche Pflanzen nicht ausreichend Nährstoffe aufnehmen. Fazit: Sie kümmern. Durch Kalken erhöht man den pH-Wert des Bodens, macht ihn also alkalischer. Für die Bestimmung des pH-Werts gibt es einfache Testsets zu kaufen.

Kohlgewächse wie Brokkoli und Rosenkohl mögen leicht alkalische Böden. Auf ihnen sind sie weniger anfällig für Kohlhernie.

Saure Erde

Manche Pflanzen gedeihen nur in sauren Böden – hat man stark alkalisches Erdreich im Garten, muss man sie wohl oder übel in Gefäßen oder Hochbeeten mit saurem Substrat ziehen. Neutrale oder nur leicht saure Erde hingegen wird durch das Ausbringen von Schwefel ein bisschen saurer.

Heidelbeeren sind sehr heikel und gedeihen nur in sauren Böden mit einem pH-Wert unter 5,5.

Moosbeeren (Cranberrys) mögen es wie Heidelbeeren sauer, bevorzugen aber feuchte Böden.

Kartoffeln sind in leicht sauren Böden weniger anfällig für den Kartoffelschorf.

Sonne

Die meisten Pflanzen brauchen viel Sonne – mediterrane Pflanzen wie Tomaten, Paprika, Auberginen und Kürbisse können gar nicht genug davon bekommen. Allerdings haben sie in der Sonne auch einen höheren Wasserbedarf.

Auberginen erntet man, solange die Schale noch glänzt.

Tomaten sind unkompliziert und liefern den ganzen Sommer Früchte.

Paprika fühlt sich auch in Töpfen wohl, falls der Platz knapp ist.

Äpfel gibt es in vielen Sorten und auf schwachwüchsigen Unterlagen.

Chilis bringen Farbe in den Garten und stellen wenig Ansprüche.

Erdbeeren fruchten je nach Sorte von Juni bis Oktober.

Basilikum wächst einjährig und ist leicht durch Aussaat zu ziehen.

Birnen schmecken frisch geerntet am besten.

Pfirsiche sollte man an Spalieren an Südmauern ziehen.

Feigen fruchten reichlicher, wenn ihre Wurzeln wenig Platz haben.

Schatten

Einige wenige Nutzpflanzen kommen mit Halb- oder sogar Vollschatten zurecht. Kochäpfel, Stachelbeeren und Rote Johannisbeeren gedeihen an Nordmauern. Rhabarber fühlt sich in dunklen Winkeln am wohlsten. Auch Blattgemüse und Kohlgewächse vertragen leichten Schatten.

Stachelbeeren schmecken im Frühsommer am süßesten.

Rote Johannisbeeren gedeihen auch vor einer Mauer.

Kochäpfel vertragen mehr Schatten als Tafeläpfel.

»Blattgemüse hat nichts gegen leichten Schatten.«

Kohlgewächse liefern ganzjährig Schmackhaftes.

Stielmangold kann man als Babygemüse oder reif genießen.

Arten und Sorten

Zu den großen Freuden des Gärtnerns gehört die Auswahl der Obst- und Gemüsearten und -sorten. Saatgutversender und Gartencenter haben eine Vielfalt von Züchtungen im Angebot, sodass sich für jedermanns Geschmack etwas findet. Seien Sie mutig und bauen Sie Köstlichkeiten an, die man in keinem Supermarkt findet.

Bei der großen Auswahl ist es nicht leicht zu entscheiden, was man anbaut. Am besten wählen Sie, was Sie am meisten mögen.

ANBAU... leicht
KAUF... zum Teil teuer
PLATZBEDARF... gering

Obst und Gemüse anzubauen macht nicht nur Spaß, sondern spart auch Geld. Denn manche Obst- und Gemüsearten, etwa Himbeeren oder Zuckererbsen, sind im Laden teuer. Im Selbstanbau kosten sie dagegen nur ein paar Cent für das Samenpäckchen oder die Setzlinge. Viele brauchen auch nicht viel Platz: Oft reichen schon ein paar Pflanzen, um den Bedarf zu decken. Wenn Sie die Arten, die Sie anbauen möchten, geschickt auswählen, bekommen Sie die ganze Saison über wahre Köstlichkeiten auf den Tisch.

Rote Bete

Kopfsalat

Himbeeren

Zuckererbsen

- Rote Bete
- Dicke Bohnen
- Rosenkohl
- Calabrese-Brokkoli
- Knollensellerie
- Zucchini
- Buschbohnen
- Kräuter
- Kopfsalat
- Zuckererbsen
- Pal- und Markerbsen
- Pflücksalate
- violetter und weißer Sprossbrokkoli
- Rettiche
- Stangenbohnen
- Frühlingszwiebeln
- Schalotten
- Stiel- und Blattmangold
- Speiserüben
- Himbeeren
- Brombeeren
- Johannisbeeren
- Rhabarber

Frühlingszwiebeln

»Der Anbau **lohnt** sich: Beeren & Co.«

ANBAU…	leicht
KAUF…	oft preiswert
PLATZBEDARF…	groß

Einige Gemüsesorten brauchen im Garten große Flächen, sind im Handel aber oft preiswert. Kohl beispielsweise nimmt im Garten viel Platz weg, den manche Hobbygärtner lieber für ungewöhnliche oder eher teure Gemüse- und Obstarten nutzen wollen. Das gilt auch für Zwiebeln, die ebenfalls viel Beetfläche beanspruchen, aber im Laden preiswert sind. Anders ist es, wenn Sie auf ganz bestimmte Sorten Wert legen, und zum Beispiel unbedingt Ihre Lieblingskartoffelsorte anbauen möchten.

- Kohlgewächse
- Karotten
- Sellerie
- Knoblauch
- Zwiebeln
- Melonen
- Freilandtomaten
- Pastinaken
- Kartoffeln
- Kürbisse
- Blumenkohl
- Steckrüben
- Süßkartoffeln

»brauchen viel Platz im Garten«

ANBAU…	unterschiedlich
KAUF…	schwierig
PLATZBEDARF…	unterschiedlich

Manche exotischen Gemüseleckereien findet man kaum im Handel, weil sie sehr schnell verderben oder der gewerbliche Anbau sich nicht lohnt. Dazu gehören Japanische Weinbeeren mit ihren winzigen, heidelbeerartigen, himmlisch süßen Früchten. Zucchini-Blüten wiederum welken so schnell, dass sie es kaum bis in die Ladenregale schaffen, in Teig gebacken aber schmecken sie vorzüglich.

- Rote-Bete-Blätter – erdiger Spinatersatz
- Knollen-Ziest – schwer gewerblich anzubauen, für Hobbygärtner aber leicht zu ziehen
- Zucchini-Blüten – zu empfindlich für den Transport
- Hopfensprossen – werden wie Spargel verwendet
- Japanische Weinbeere – kleine Früchte, Ernte teuer
- Zierkohl – seine Blüten welken nach der Ernte rasch
- Erbsensprossen
- Rattenschwanzrettich – Ernten und Verpacken kostspielig
- Blumenkohl 'Romanesco' – gut für Imbisse und Pfannen – wird beim Transport oft beschädigt
- Sauerampfer – Ernte kostspielig
- Tomatillo – unempfindlich für Krautfäule
- Grünkern – halbreife Dinkelkörner

»selten im Handel zu finden«

Schritt 7

Blumen

Wer Blumen neben seinem Obst und Gemüse zieht, hat die Natur auf seiner Seite. Denn die Blüten locken nicht nur Bestäuber an, die auch den Nutzpflanzen daneben einen Besuch abstatten, sie lassen sich obendrein für die Vase nutzen. Man kann die Schönheiten in eigenen Beeten kultivieren oder direkt zwischen den Obst- und Gemüsepflanzen platzieren, wo sie mit ihren Farben, Formen und Düften begeistern.

Für alle Sinne Duftwicken an Bambusruten mit Lavendel als Unterpflanzung erfüllen den ganzen Garten mit ihrem Wohlgeruch.

Begleitpflanzen Manche Blumen wie hier die Ringelblume lassen sich als »Leibwache« für Gemüsepflanzen ziehen. Sie verhindern, dass Schädlinge oder Krankheiten sich über ihre Schützlinge hermachen. Gleichzeitig locken sie Bestäuber an.

Sträucher und Kletterpflanzen

Mit Sträuchern und Kletterpflanzen schafft man dauerhafte Strukturen im Garten und gibt ihm Höhe. Ideal sind Rosen: Während man Kletterrosen an Rankgittern zieht oder durch Blumenbeete wachsen lässt, was wild und natürlich aussieht, kann man Strauchrosen und Teehybriden als Schnittblumen oder einfach nur als Blickfang nutzen. Besonders wertvoll sind im Winter blühende Sträucher, denn sie locken Bestäuber in den Garten.

◆ **STAUDEN** sind immer eine gute Investition: Einmal gepflanzt, erscheinen sie nach dem Einziehen im Winter jedes Jahr aufs Neue. Viele lassen sich zudem als Schnittblumen und Duftpflanzen nutzen.

◆ **EINJÄHRIGE** bringen im Nu Farbe in den Garten und kosten gerade einmal so viel wie ein Samenpäckchen. Die Palette ist riesig: Auch Duftwicken und Sonnenblumen – beides dankbare Schnittblumen – gehören zu den Einjährigen.

Schnittblumen

Wer sich gern Blumen ins Haus holt, sollte sie im eigenen Beet ziehen, statt sie mit anderen Gartenpflanzen zu mischen. Die meisten blühen in nährstoffreichen Böden am besten, weshalb man organische Substanz einarbeitet. Kombinieren Sie verschiedene Arten, um lückenlos aus einem reichen Blütenfundus schöpfen zu können.

◆ **FÜR DAS FRÜHJAHR** kann man Narzissen und Tulpen pflanzen, für den Sommer Kosmeen, Rosen, Gladiolen und Sonnenblumen, für den Herbst Astern, Chrysanthemen und Dahlien. Im Winter sind Stechpalmen mit ihren leuchtenden Beeren in Vasen dekorativ.

Griffbereit Wer eigens Schnittblumen für die Vase kultiviert, sollte sie in Reihen pflanzen, denn so erreicht man sie am leichtesten. Wichtig: ein Etikett mit Namen und Aussaatdaten.

Individuelle Gartengestaltung

Blumen sind ein großartiger Ausdruck Ihrer Persönlichkeit und wie geschaffen dafür, Gärten einen individuellen Touch zu geben. Man pflanzt sie am besten in der Nähe von Sitzecken, um sie von Nahem genießen zu können.

BESTÄUBUNG

Die meisten Blüten locken bestäubende Insekten an – manche allerdings mehr als andere.

- **MEIDEN** Sie gefüllte Blüten, denn Bienen gelangen nur schwer in ihr Inneres.
- **KOMBINIEREN** Sie die Blumen so, dass Sie einen Großteil des Jahres ohne Unterbrechung Blüten im Garten haben.
- **BEVORZUGEN** Sie einheimische Arten.
- **WÄHLEN** Sie blaue, violette, weiße und gelbe Blüten, denn Bienen werden vor allem von diesen Farben angelockt.

Komposthaufen kaschieren

Blütensträucher und Stauden bringen Duft und Farbe in den Garten, eignen sich aber genauso gut zum Kaschieren unansehnlicher Elemente wie Komposter, Frühbeete und Folientunnel. Ideal sind immergrüne Gewächse wie Fleischbeeren und Stechpalmen, denn sie bilden ganzjährig einen Sichtschutz. Als Alternative kommen Zäune und Rankgitter in Betracht, die man mit Kletterpflanzen wie Geißblatt, Rosen und Clematis begrünt. Im Sommer kann man auch hohe Blumen wie Rittersporn, Königskerzen, Sonnenblumen und Duftwicken dazu nutzen, die Sicht auf Unattraktives zu verdecken.

Schritt 8

Gartenstil

Ihr persönlicher Stil • Sitzbereiche • eine Bank bauen • Kräuter und Küchengärten • Kinder • Kräuterbeet • Hühner und Bienen

Schritt 8

Ihr Stil

Zu den großen Freuden des Gärtnerns gehört es, einem Stück Land seinen individuellen Stempel aufzudrücken. Ihr Stil kann noch so ungewöhnlich sein, er ist ganz allein Ihre Sache – Grenzen setzt Ihnen im Grunde nur Ihre eigene Fantasie. Genießen Sie das Gestalten Ihres Gartens, der Ausdruck Ihrer Persönlichkeit ist.

Folientunnel Unter einer Folienabdeckung sind Pflanzen, die zusätzlichen Schutz brauchen, bestens aufgehoben.

Was ist mein Stil?

Entscheiden Sie sich für einen Stil, der zu Ihrer Persönlichkeit passt. Gestaltungsvorschlägen in Büchern muss man nicht sklavisch folgen – die Inspiration sollte vielmehr von innen kommen. Sind Sie eher der ordentliche oder ein zwanglos-ungezügelter Typ? Mögen Sie es modern oder lieber traditionell? Manche Gärtner brauchen eine perfekt manikürte Anlage mit Gemüse in Reih und Glied, andere bevorzugen ein wildes Durcheinander an Farben und Formen oder Beete, die vor Gemüse, Blumen und Früchten überquellen. Und wieder andere sehen es gern, wenn sich in ihrem Garten ihre Nationalität oder Kultur widerspiegelt, weshalb sie am liebsten traditionelles Gemüse und Obst ziehen oder Gartenzwerge oder Buddhastatuen aufstellen.

Geometrie und Textur Durch die ausgeprägt geometrische Gliederung wirkt dieser Nutzgarten recht modern. Eine Bereicherung für die Anlage ist die besondere Textur der Blätter der Kräuter und Gemüsepflanzen.

Geometrisch-formal oder natürlich-zwanglos? Durch die Kohlgewächse in gerader Linie bekommt das Beet ein formales Aussehen. Reizvoll: der Farbkontrast.

Stilmix Dieser Küchengarten wirkt mit seinen dicht bepflanzten Beeten relativ wild und natürlich. Einen interessanten Kontrast dazu bilden jedoch die klaren, harten Linien der Pflasterfläche.

Gemeinschaftsgärten

Sie sind nicht sicher, ob Sie Zeit für einen Garten haben? Oder zweifeln an Ihren gärtnerischen Fähigkeiten? Dann sollten Sie sich überlegen, sich in einem Gemeinschaftsgarten zu engagieren. Das sind Anlagen, die von Gleichgesinnten gemeinschaftlich auf einem Stück Gemeindeland betrieben werden. Hier lernt man neue Leute kennen, lernt viel über das Gärtnern und kann die Früchte seiner Arbeit mit nach Hause nehmen, ohne für alles verantwortlich zu sein.

Stilkompromisse Wer sich in einem Gemeinschaftsgarten engagiert, muss seine Gestaltungsideen mit anderen abstimmen!

Sitzbereiche

Wer einen eigenen Garten hat, sollte darin nicht nur pflanzen, graben und jäten, sondern sich auch ausruhen und Spaß haben. Entscheidend ist ein ausgewogenes Verhältnis zwischen Arbeit und Vergnügen. Richten Sie daher gemütliche Sitzbereiche ein, in denen Sie mit anderen wohlverdiente Pausen genießen.

Freunde finden

In Kleingartenanlagen oder Siedlungen werden oft Nachbarschaftsfeste organisiert, bei denen man Gleichgesinnte kennenlernen kann. Nutzen Sie die Gelegenheit, sich mit ihnen zu treffen, Saatgut und Pflanzen auszutauschen oder sich Tipps von erfahrenen Hobbygärtnern zu holen. Halten Sie außerdem eine Thermoskanne mit Kaffee bereit, falls Gärtnerkollegen auf einen Plausch vorbeischauen.

Auszeit Nehmen Sie sich Zeit, zu entspannen und neue Freunde zu finden. Laden Sie Nachbarn zum Grillen ein oder bitten Sie sie, Ihnen im Garten zu helfen – im Gegenzug können Sie gelegentlich bei ihnen mit anpacken.

Projekt Bank

Die oberen Enden der Stämme müssen auf gleicher Höhe stehen, damit das darauf befestigte Sitzbrett völlig eben ist.

Mit Latten fixiert man die Stämme vorübergehend, damit sie aufrecht bleiben. Sobald der Beton trocken ist, können sie entfernt werden.

1 Stellen Sie die Bank probeweise auf, um zu sehen, wo sie am besten aussieht. Rechnen Sie zur Länge der Stämme die 30 cm hinzu, die im Boden bzw. Betonfundament versenkt werden müssen.

2 Die Löcher für die Stämme sollten 5–10 cm breiter als diese und um dieselbe Länge tiefer sein. Setzen Sie die Stämme ein.

3 Füllen Sie Beton in die Lücken und stampfen Sie ihn fest, sodass er bis etwa 5 cm unter die Erdoberfläche reicht. Sobald er trocken ist, verteilt man Rindenmulch oder ein ähnliches Material unter der Bank und kaschiert damit auch den Beton.

Stauraum und Sitzbank zugleich ist diese gebrauchte Werkzeugkiste. Hier können Sie Pause machen und sich eine Weile von der Gartenarbeit erholen.

Wahl des Standorts

Überlegen Sie gut, wo Sie Sitzgelegenheiten aufstellen. Wenn Sie ein ruhiges, beschauliches Plätzchen suchen, an dem Sie Ihre Sonntagnachmittage in der Sonne verbringen, sollten Sie sich eine abgelegene uneinsehbare Ecke suchen, in der Sie vor neugierigen Blicken geschützt sind. Falls Sie aber lieber auf einer Bank sitzen und mit Nachbarn oder Passanten einen Plausch halten oder die Welt draußen beobachten wollen, ist ein strategisch günstiger Platz in der Nähe eines Wegs besser.

Sonniges Plätzchen Wollen Sie lieber in der Sonne oder im Schatten sitzen? Wenn Sie Schatten bevorzugen, können Sie eine Pergola errichten oder einen Sonnenschirm aufstellen.

Zeit zu entspannen Liegestühle sind eine vorzügliche »Wellnessoase«. Zusammengeklappt nehmen sie außerdem wenig Platz im Schuppen weg.

Sitzfläche Legen Sie ein Brett über die Stämme und zeichnen Sie die Stelle an, an der die Holzschrauben ins Brett kommen. Bohren Sie nun die Löcher mit der Bohrmaschine vor und schrauben Sie das Brett anschließend an. Ziehen Sie die Schrauben dabei so fest an, dass sie leicht versenkt sind.

Gemütlich Jeder braucht gelegentlich ein Plätzchen, an dem er seine Ruhe vor der hektischen Welt draußen findet. Hier hat der Besitzer einen gebrauchten Bretterzaun aufgestellt und sich so seinen ganz privaten Rückzugsbereich geschaffen.

Küchengärten und Kräuter

Kräuter sind eine Bereicherung für Nutzgärten. In geometrischen Beeten bilden sie einen dichten Teppich aus Farben und Mustern. Sie können jedoch auch wegen ihrer schönen Blüten, der aromatischen Düfte oder für die Küche kultiviert werden.

Platz für Kräuter

Kräuter zieht man am besten separat in einem eigenen Kräutergarten oder man pflanzt sie zwischen Gemüse und Blumen. Fenchel mit seinen Dolden fügt sich harmonisch in Blumenbeete ein. Niedrige Arten wie Kamille und Thymian wiederum eignen sich als Unterpflanzung von Obstbäumen, lassen sich aber auch als Rasen und Wegbelag anlegen. Viele Kräuter haben eine Heilwirkung, doch sollte man vor einer Anwendung ärztlichen Rat einholen. Ganz gleich, wie man sie nutzt: Ihre Vielfalt an Texturen, Farben und Wuchsformen bietet Gärtnern eine reiche Gestaltungspalette.

Randbepflanzung Rosmarin, Lavendel oder, wie hier zu sehen, Schnittlauch dient als Einfassung von Beeten oder kann zu ausgefeilten Mustern kombiniert werden.

»In geometrischen Beeten bilden Kräuter einen Teppich aus Farben und Mustern.«

Salatensemble Das Miteinander aus Kräutern und Salaten sieht so gut aus, wie es schmeckt. Säen Sie nebenher noch Salate in Töpfe, damit Sie immer gleich Ersatz für geerntete Köpfe zur Hand haben.

Buchs (*siehe Projekt S. 87*) Buchs ist die häufigste Einfassungspflanze für geometrische Beete und Kräutergärten, denn er ist klein und immergrün. Man schneidet ihn erst nach dem letzten Frost.

Kinder

Gärtnern ist ein Hobby, in das man seine Kinder gut mit einbinden kann. Es verschafft dem Nachwuchs nicht nur frische Luft und Bewegung, sondern zeigt ihm auch, wo Essen herkommt und wie man sich gesund und abwechslungsreich ernährt.

Gefäße Lassen Sie Kinder klein anfangen, etwa mit humusgefüllten Töpfen. So verhindert man, dass sie vor zu großen Flächen wie Beeten kapitulieren.

Gemeinschaftsgärten Für Kinder ist das Miteinander sehr wichtig. Nichts macht ihnen mehr Spaß, als sich mit Freunden so richtig schmutzig zu machen.

Wie Sie Kinder begeistern

Kinder wollen rasch Ergebnisse sehen. Daher lässt man sie schnell wachsendes Gemüse wie Pflücksalate, Radieschen oder Babykarotten anbauen. Besonders begeistert sind sie, wenn sie bei der Auswahl der zu kultivierenden Sorten mitreden dürfen und sich aussuchen können, was ihnen besonders schmeckt, etwa Erdbeeren, Himbeeren oder Kartoffeln.

◆ **DIE MEISTEN KINDER** genießen es, einmal so richtig im Schmutz wühlen zu dürfen. Man lässt sie daher einen Wurmkomposter ansetzen oder den Komposthaufen wenden. Manche sammeln auch mit großem Eifer Schnecken und Raupen von den Pflanzen. In vielen Kleingartenanlagen gibt es Kindergruppen, die Eigenes anbauen dürfen. Damit wird gleichzeitig gärtnerisches Wissen an die nächste Generation weitergegeben.

Sicherheit

Gärten müssen kindersicher sein. Unrat und Stolperfallen haben hier nichts zu suchen. Auf die Enden von Bambusruten werden Schutzkappen gesteckt, um Augenverletzungen zu vermeiden. Dabei kann man so richtig kreativ werden (*siehe rechts*).

Steckverbindung

Plastikrohre

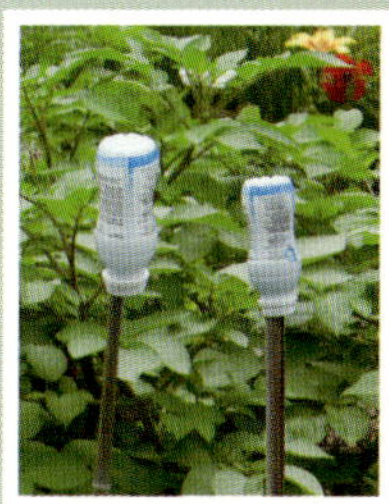

Kleine Flaschen

Schneckenhäuser

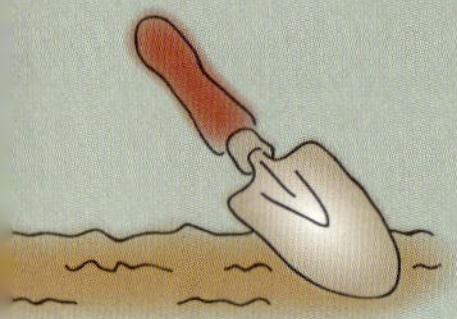

Projekt Kräuterbeet

Traditionelle Beete, ob für Kräuter, Blumen oder Gemüse, werden meist mit niedrigen, kurz geschnittenen immergrünen Hecken eingefasst. Eine solche Zelle bringt Abwechslung und Farbe in Ihren Garten, hat jedoch auch einen konkreten praktischen Nutzen als Quelle schmackhafter Küchenkräuter.

Dieses Beet ist nach einem sehr simplen, aber praktischen Schema mit vier dreieckigen Abschnitten angelegt.

1 Graben Sie das Areal um, arbeiten Sie organische Substanz ein und streuen Sie dann eine großzügige Lage gut verrotteten Kompost darauf. Dann harken Sie die Fläche feinkrümelig.

2 Stecken Sie das Beet mit Bambusruten ab und spannen Sie die Schnur diagonal zwischen ihnen.

3 Arrangieren Sie die Kräuter vor dem Einpflanzen mitsamt den Töpfen auf dem Erdreich, bis sie mit der Anordnung zufrieden sind.

Minze pflanzen

Minze ist eine beliebte Pflanze für Kräutergärten und eine wichtige Zutat vieler Rezepte. Aber Vorsicht: Das Kraut wuchert stark und kann einen ganzen Garten erobern. Man verhindert seine Ausbreitung, indem man es in einen Topf pflanzt und diesen so in der Erde versenkt, dass sein Rand etwas aus der Erde ragt.

Schritt 4

MATERIAL & WERKZEUG

- Schnur, Bambusruten, Eimer, verschiedene Pflanzen
- Pflanzschaufel, Maßband

Sorgfältige Planung gewährleistet, dass die Kräuter relativ gleichmäßig den Boden bedecken, nachdem sie eingewachsen sind.

Schritt 5

4 Buchsbaum ist eine beliebte Saumbepflanzung. Graben Sie für jedes Exemplar ein Pflanzloch in gleichmäßigen Abständen – das unterstreicht das Geometrisch-Formale des Beets.

5 Sobald der Buchsbaum oder andere Einfassungspflanzen gesetzt sind, pflanzt man die Kräuter. Man kann jedem Teilbereich des Beets ein bestimmtes Kraut zuweisen oder sich für eine Themenpflanzung entscheiden.

Sobald die Buchshecke gut eingewachsen ist und größer wird, kann man sie durch einen Schnitt in die gewünschte Form bringen. Setzen Sie die Heckenschere jedoch erst an, wenn im Frühjahr keine Fröste mehr drohen.

Hühner

Die Hühnerhaltung ist ein schönes Hobby, das Ihnen obendrein herrlich frische Eier beschert. Bevor Sie sich das Federvieh zulegen, sollten Sie sich jedoch darüber im Klaren sein, dass Hühner zweimal täglich gefüttert und getränkt sowie nachts eingesperrt werden müssen.

Hühnerhaltung

Wenn Sie sich im Garten aufhalten, lassen Sie die Hühner aus ihrem Gehege, damit sie in abgeernteten Beeten picken können. Sie vertilgen alle möglichen kleinen Schädlinge und lockern die Erde durch ihr Kratzen etwas auf. Ein weiterer Vorteil: Hühnermist ist ein vorzüglicher Bodenverbesserer. Allerdings sollte er gut verrottet sein, bevor man ihn einarbeitet, sonst ist er zu scharf und verbrennt die Wurzeln. Aufgepasst: Nicht überall ist Hühnerhaltung in Gärten erlaubt; erkundigen Sie sich genau, bevor Sie sich die Tiere anschaffen, und klären Sie, ob sich Ihre Nachbarn gestört fühlen.

Behausung Hühner brauchen einen Stall mit Sitzstangen. Der Auslauf sollte so groß wie möglich und fuchssicher sein.

Rassen Suchen Sie sich die Rasse aus, die für Ihre Zwecke und die Bedingungen vor Ort am besten geeignet ist.

Hühnerställe

Hühnerställe gibt es in den verschiedensten Formen und Größen – der Fantasie sind keine Grenzen gesetzt. Allerdings müssen sie trocken sein und brauchen innen eine Sitzstange, denn Hühner kauern nicht gern auf dem Boden. Zudem muss der Stall so konstruiert sein, dass keine Füchse eindringen können. Wichtig ist auch ein separater Nistbereich, in dem die Hühner ihre Eier legen können. Fühlen die Tiere sich wohl und sicher, legen sie besser.

Bienen

Die Imkerei ist nicht jedermanns Sache. Wer aber Gefallen an der Bienenzucht findet, bekommt eigenen Honig und mobilisiert überdies Tausende Gartenhelfer, die Blüten bestäuben und dafür sorgen, dass Obst und Gemüse optimal reifen.

Bienenkauf

Wer sich Bienenstöcke zulegen möchte, sollte zuerst die Nachbarn fragen, ob sie etwas gegen emsige Völker nebenan einzuwenden haben. Ein, zwei Gläser Honig im Jahr genügen meist, um sie zu überzeugen. Stellen Sie die Stöcke aber abseits von Wegen oder den Terrassen der Nachbarn auf, damit niemand gestochen wird. Auch sollten Sie zuerst einen Imkerkurs belegen, um sich das nötige Wissen anzueignen. Oft bieten örtliche Imkervereine entsprechende Schulungen an.

Blumen Platzieren Sie den Stock inmitten verschiedener Blütenpflanzen, die Bienen und andere Bestäuber anlocken.

Einladung Auch Hummeln und Wildbienen sind fleißige Bestäuber. Bieten Sie Ihnen mit selbst gemachten Nistgelegenheiten einen Unterschlupf.

»Locken Sie Bienen in Ihren Garten.«

Honig

Honig entsteht aus dem Nektar, den Bienen in der Umgebung ihres Stocks sammeln. Die Tiere können zwar auf der Suche nach geeigneten Pflanzen recht weit fliegen, ziehen aber Nektarquellen in der Nähe vor. Deshalb sollte man die Pflanzen im Garten so kombinieren, dass die Insekten einen Großteil des Jahres Blüten praktisch vor ihrer Haustür finden. So wird ihr Honig zu einer Art Destillat aller Obst- und Gemüsesorten in Ihrem Garten.

Schritt 9

Fruchtwechsel

Bodenfruchtbarkeit • Drei- und Vierfelder-wirtschaft • Zwischenfrucht • Mischkultur

Schritt 9 Fruchtwechsel

Gemüsebeete sollte man nach einem langfristigen Plan bepflanzen bzw. besäen. Denn um den verfügbaren Platz optimal zu nutzen und die Fruchtbarkeit des Bodens zu erhalten, muss man wissen, welchen Platz man den jeweiligen Arten in den nächsten drei, vier Jahren zuweisen soll.

Fruchtwechsel: Was ist das?

Diese grundlegende Anbaumethode mag zunächst etwas verwirrend wirken, ist in Wirklichkeit aber sehr einfach. Wichtigste Regel: Einjährige Gemüsesorten werden jedes Jahr an einer anderen Stelle des Nutzgartens angebaut. Dadurch vermeidet man, dass Schädlinge und Krankheiten im Boden überhandnehmen, was passieren kann, wenn man ein und dasselbe Gemüse über Jahre hinweg an immer demselben Platz kultiviert. Um einen wirkungsvollen Austausch zu erreichen, wurden die vielen Hundert Gemüsearten in drei (manchmal auch vier) Gruppen eingeteilt: 1. Wurzelgemüse und Kartoffeln, 2. Kohlgewächse, 3. Erbsen und Bohnen (bzw. Leguminosen). Im zweiten Jahr kommt die Frucht aus Beet 1 in Beet 3, die aus Beet 3 in Beet 2 und die aus Beet 2 in Beet 1.

Dreifelderwirtschaft

Am einfachsten zu bewältigen ist ein dreijähriger Fruchtwechsel. In sehr kleinen Gärten kann man auch mit nur zwei Gruppen arbeiten, etwa Kartoffeln und Wurzelgemüse in einer und allen anderen Nutzpflanzen in der anderen Gruppe. Kürbisse, Blattsalate und Zucchini sind wenig anfällig für Krankheiten und können überall dort gepflanzt werden, wo Platz ist.

- Jahr 1: Kartoffeln, Tomaten, Wurzelgemüse
- Jahr 2: Erbsen und Bohnen
- Jahr 3: Kohlgewächse

Vierfelderwirtschaft

Bei der viergliedrigen Folge bilden Kartoffeln/Tomaten und Wurzelgemüse eigene Gruppen. Gegen Krautfäule hilft aber kein Fruchtwechsel, denn ihre Erreger werden über die Luft übertragen.

- Jahr 1: Kartoffeln und Tomaten
- Jahr 2: Wurzelgemüse
- Jahr 3: Erbsen und Bohnen
- Jahr 4: Kohlgewächse

Vorteile

Zu den großen Vorzügen des Fruchtwechsels gehört die Optimierung des Bodens für bestimmte Gemüsesorten. Erbsen und Bohnen beispielsweise fixieren Stickstoff im Erdreich, weshalb man im Anschluss an sie Kohlgewächse pflanzt, da diese von stickstoffreichen Böden profitieren. Erbsen wiederum gedeihen in tiefgründigen Böden und sollten auf Wurzelgemüse folgen, das das Erdreich bis in tiefere Schichten auflockert.

Kein frischer Stallmist Karotten mögen keine Böden mit eingearbeitetem Stallmist. Man pflanzt sie daher am besten nach den Kohlgewächsen.

Schädlinge und Krankheiten Ein jährlicher Wechsel verhindert die Vermehrung von Krankheiten, nicht aber von Schnecken und Fluginsekten.

Unkraut Kartoffeln sollten im ersten Jahr gepflanzt werden, denn sie lockern den Boden auf und unterdrücken einige Arten von Unkräutern.

Beet 1 In der Regel werden Kartoffeln und Wurzelgemüse als Erstes gepflanzt, da sie den Boden für die Wurzeln der nachfolgenden Sorten aufbrechen.

Beet 2 Erbsen und Bohnen sind Hülsenfrüchte und speichern in ihren Wurzelknöllchen Stickstoff. Sie werden nach dem Wurzelgemüse gepflanzt.

Beet 3 Kohlgewächse wie Brokkoli, Blumenkohl, Kopfkohl und Grünkohl gedeihen in der von Hülsenfrüchten hinterlassenen stickstoffreichen Erde.

Standortwahl

Fruchtwechsel ist für einjähriges Gemüse gedacht, denn mehrjähriges bleibt naturgemäß einige Jahre lang an seinem Standort. Rhabarber, Spargel, mehrjährige Kräuter und Obstbäume oder -sträucher bindet man deshalb nicht in den Fruchtwechsel ein. Allerdings brauchen auch mehrjährige Gemüsesorten einen Standort, der für sie geeignet ist.

Spargel Die köstlichen Stangen dürfen meist in einem eigenen Beet wachsen. Es muss vor dem Bepflanzen gründlich vorbereitet werden, denn der Spargel bleibt mehrere Jahre an ein und derselben Stelle.

Rhabarber Seine rot-grünen Blätter werden sehr groß und brauchen reichlich Platz. Man weist Rhabarber einen Platz in ansonsten schwer zu bepflanzenden schattigen Winkeln zu, wo er sich wohlfühlt.

Obstgehölze Bei der Planung eines Gartens sollte man den Standort von Obstbäumen und -sträuchern zuerst festlegen. Sie bilden die Struktur der Anlage, an der alle anderen Pflanzen ausgerichtet werden.

Schritt 9 Misch- und Zwischenkultur

Sobald Sie entschieden haben, wo Ihre Hauptgemüse wachsen sollen, können Sie sich den Misch- und Zwischenfrüchten widmen. Mit ihnen optimiert man den vorhandenen Platz und bekommt zusätzliche Genüsse als Bonus.

Mischkultur

Schnell reifendes Gemüse wird in die Lücken zwischen größeren, langsamer wachsenden Sorten gesät, bevor diese erntereif sind. So kann man Sprinter wie z. B. Blattsalate zwischen gemächlicheren Blumenkohlköpfen platzieren, die zudem relativ viel Abstand zueinander brauchen. Allerdings müssen die Mischfrüchte geerntet werden, bevor sie mit ihren hungrigen großen Nachbarn um Nährstoffe im Boden zu konkurrieren beginnen.

Mischfrüchte

Kleine, wüchsige Gemüsesorten sind zum Beispiel Radieschen, Rote-Bete-Laub, Rucola, Blattsalate und Spinat. Ihre großen, langsam wachsenden Partner gehören meist zu den Kohlgewächsen. Beim Pflanzen von Hauptgemüse lässt man ein bisschen mehr Platz als empfohlen, damit die flinken Begleiter noch dazwischenpassen.

PASSENDE PAARUNGEN

- Rosenkohl und Radieschen
- Blumenkohl und Kopfsalat
- Kopfkohl und Babykarotten
- Grünkohl und Baby-Rote-Bete
- Brokkoli und Stielmus

Projekt Zuckermais

Zuckermais spendet Blattsalat Schatten und ist daher ein idealer Partner für ihn.

Die Salatsamen werden auf die Oberfläche gestreut und mit einer Gießkanne mit Brause gewässert.

1 Mais wird windbestäubt und sollte daher in Gruppen gepflanzt werden. Als Anhaltspunkt ritzt man ein Gittermuster in die Erde.

2 Graben Sie mit einer Pflanzschaufel etwa alle 50 cm ein Loch in die Erde und stecken Sie einen Setzling in jedes Loch.

3 Zwischen die Maissetzlinge werden Blattsalatsamen gesät. Nach dem Keimen dünnt man sie aus, damit sie Platz zum Wachsen haben.

»Nach der Ernte des Hauptgemüses kommt die Zeit der Sprinter.«

Zwischenkultur

Sie ähnelt der Mischkultur, doch werden Zwischenfrüchte nicht direkt zwischen langsam wachsende Sorten platziert. Vielmehr sät man sie erst nach deren Ernte aus – aber noch vor Nachfolgesaaten. Wer zum Beispiel früh kultivierte Dicke Bohnen im Frühjahr ausgraben und durch Rosenkohlsetzlinge ersetzen möchte, die jedoch noch nicht pflanzreif sind, kann die zeitliche Lücke mit Blitzstartern füllen. So nutzt man ein Stück Beet, das sich ansonsten in einen Unkrautacker verwandeln würde, für zusätzliches Gemüse. Gute Lückenfüller sind Kopfsalat, Radieschen und Spinat. Als Alternative kann man auch Gründüngerpflanzen wie Ackerklee säen, die den Boden mit Stickstoff anreichern und Unkräuter unterdrücken.

Mischkultur

Zwischenkultur

Harmonisches Miteinander Rasch wachsende Salate und langsamer reifender Zuckermais sind ein ideales Mischfruchtpaar.

Zwischenfrüchte

Blattgemüse und Radieschen sind Zwischenfrüchte par excellence. Damit Ihr Nutzgarten möglichst viel abwirft, sollten Sie den vorhandenen Platz immer optimal nutzen. Um lückenlos mit Gemüse versorgt zu werden, säen Sie am besten alle paar Wochen einen neuen Posten aus. Wenn Sie obendrein mit Abdeckungen arbeiten, verlängern Sie die Saison und können fast das ganze Jahr Schmackhaftes aus dem Garten holen. Und sollten tatsächlich einmal ein paar Fleckchen Erde für eine Weile brachliegen, decken Sie diese ungenutzten Bereiche mit Unkrautfolie ab, damit sich nicht unerwünschtes Grün festsetzt.

PASSENDE PAARUNGEN

- Früherbsen – Radieschen – Herbstrüben
- Pastinaken (bis zum zeitigen Frühjahr geerntet) – Blattsalate – Stangenbohnen
- Dicke Bohnen – Spinat – Lauch

Schritt 10

Säen und Pflanzen

Aussäen unter Glas • Aussaatverfahren • Aussaat im Freiland • Pflanzmethoden • Obstbäume und Obststräucher

Schritt 10

Anzucht unter Glas

Die meisten Pflanzen vermehrt man durch Aussaat. Eine Ausnahme ist Knoblauch, dessen Zehen in die Erde gesteckt werden. Das Heranziehen frischer Pflänzchen ist immer wieder ein Erlebnis, egal wie oft man es schon gemacht hat. Wer nicht viel Platz hat, sollte unter Glas nichts aussäen, was auch im Freiland problemlos keimt, sondern den Platz für empfindliche Arten wie Paprika oder Tomaten nutzen.

Seitlich Samen von Zucchini und Kürbissen werden im Frühjahr seitlich auf die Erde gelegt, damit sich kein Wasser auf ihnen sammelt, das sie faulen lässt.

Knoblauchzehen Sie werden im Winter oder Frühjahr fest in das Substrat gedrückt, sodass nur noch die Spitze zu sehen ist, und immer gut gewässert. Im Frühjahr kann man sie nach draußen pflanzen.

Aussaatmethoden

Für die Aussaat drinnen gibt es verschiedene Methoden. Eine wichtige Rolle spielt die Größe der Samenkörner und das verwendete Gefäß. Als Faustregel gilt: Große Samen, etwa von Gurken, Dicken Bohnen und Kürbissen, werden einzeln in Töpfe gesät, denn sie brauchen Platz. Mittelgroße Samen kommen oft in Multitöpfe, wobei man ein oder zwei Samen in jedes Modul steckt. Kleine Samen, z.B. von Kopfsalat oder Lauch, sät man meist in Saatschalen aus und vereinzelt sie später. Allerdings gibt es auch Gemüse, das mit dem Umpflanzen Probleme hat und daher fast immer direkt ins Freiland gesät wird. Die Pfahlwurzeln von Karotten mögen es gar nicht, gestört zu werden, während Kartoffeln schlichtweg zu groß zum Umpflanzen sind. Doch selbst Letztere profitieren von der Anzucht unter Glas (*siehe S. 152*), werden dann aber gleich direkt in den Boden gesetzt.

Paprika ist relativ empfindlich und braucht zudem eine lange Saison, muss also im Frühjahr drinnen in Einzeltöpfe gesät werden. Ins Freie kommt er erst, wenn keine Fröste mehr drohen.

Chilis haben recht große Samen. Man pflanzt sie einzeln in Töpfe und stellt sie in einen auf 18 °C erwärmten Anzuchtkasten. Während des Keimens wässert man sie gut.

Buschbohnen mögen tiefe Wurzelräume. Ihre Samen sind daher in leeren Toilettenpapierrollen gut aufgehoben, in die man sie einzeln steckt. Die Rollen verrotten später in der Freilanderde.

Aussaat unter Glas

Mit einer Aussaat drinnen verhilft man seinem Gemüse zu einem Frühstart in die Saison und verhindert, dass die Pflänzchen Spätfrösten zum Opfer fallen.

◆ **DAS SAATGUT** wird am besten in einem Gewächshaus oder unter einem Folientunnel ausgesät. Steht nichts von alledem zur Verfügung, sät man im Zimmer aus und stellt die Gefäße auf eine sonnige Fensterbank. Im Handel sind preiswert beheizbare Anzuchtkästen erhältlich, mit denen man seine Sämlinge ebenfalls früh in die Saison schicken kann. Winterharte Sorten brauchen eine Temperatur von etwa 12 °C, empfindlichere mindestens 18 °C.

◆ **ABHÄRTEN** ist unverzichtbar für unter Glas ausgesäte Pflanzen, bevor sie ins Freiland kommen. Dazu lässt man sie etwa eine Woche lang tagsüber im Freien und bringt sie nachts nach drinnen oder stellt sie vor dem Auspflanzen ein paar Tage lang in ein Frühbeet.

Kohlgewächse sollten mit ihren mittelgroßen Samen einzeln oder zu zweit in Multitöpfe mit Saaterde gesteckt werden. Nach dem Keimen zupft man einen der beiden Sämlinge aus.

Rosenkohl sollte in Multitöpfe gesät und nach dem Keimen in größere Töpfe umgepflanzt werden. Drücken Sie das Substrat nach dem Einpflanzen der Sämlinge gut fest.

Dicke Bohnen werden im Spätherbst für die Ernte im nächsten Jahr einzeln in Töpfe oder Pflanzröhren gesät. In wärmeren Gegenden kann man sie auch direkt ins Freiland säen.

Wie wird gesät?

Es gibt verschiedene Aussaatmethoden. Sie werden zum Teil von der Größe der Samenkörner vorgegeben. Eine Rolle spielt aber auch, ob die Keimlinge eine Störung ihres Wurzelraums oder die Nähe anderer Pflänzchen vertragen.

Ausgesät werden kann in der Regel drinnen oder draußen. Allerdings sollte man bestimmte Sorten, allen voran Karotten, Rettiche, Pastinaken, Speiserüben und Rote Bete, immer direkt ins Freiland säen. Unumstößliche Regeln gibt es bei der Aussaat nicht. Nachfolgend einige Empfehlungen, doch am besten probieren Sie etwas herum und finden heraus, was funktioniert. Alles, was Samen wirklich brauchen, sind Erde, Licht und Wasser.

WIE VIEL SAMEN

- **Ein Samenkorn pro Topf:** Dicke Bohnen, Artischocke, Knollensellerie
- **Einige Körner pro Topf:** Blumenkohl, Knollenfenchel, Tomaten, Frühlingszwiebeln, Speisezwiebeln
- **Zwei Körner pro Topf:** Busch- und Stangenbohnen
- **In langen Röhren (etwa Toilettenpapierrollen):** Duftwicken, Erbsen, Zuckermais
- **Ein paar Körner pro Modul in Multitöpfen:** Rosenkohl, Kohlrabi, Brokkoli
- **In Saatschalen (auf die Substratoberfläche gestreut):** Lauch, Kopfkohl, Blattsalate, Sellerie
- **Auf der Seite liegend:** Zucchini, Gurken, Kürbisse
- **Im beheizten Anzuchtkasten:** Chilis, Melonen, Tomaten, Paprika, Auberginen

Schritt 10 Anzucht im Freiland

Die meisten Gemüsearten können direkt ins Freiland gesät werden. Wer weder ein Gewächshaus noch Platz auf dem Fensterbrett für seine Sämlinge hat, muss also nicht auf Gemüse verzichten, sondern braucht nur etwas zu warten und seine empfindlichen Arten ein bisschen später auszubringen.

Vorbereitungen

Graben Sie den Boden des Beets um und arbeiten Sie organisches Material wie Komposterde oder gut verrotteten Stallmist ein. Bei dieser Gelegenheit kann man gleich Unkraut und Steine entfernen. Dann wird der Boden krümelig geharkt, denn für die Aussaat braucht man feinere Erde als für die Bepflanzung. Aufgepasst: Karotten vertragen weder frischen Dung noch Komposterde.

Vorarbeiten Arbeiten Sie organische Substanz ein und harken Sie den Boden eben. Dann muss er sich setzen.

Aussaatmethoden

Kleine Samenkörner, etwa von Karotten, Blattsalaten und Pastinaken, werden meistens dünn in Bodenrillen gesät. Gerade Rillen zieht man, indem man entlang einer gespannten Schnur eine Hacke durch die Erde zieht. Das Saatgut keimt besser, wenn die Rillen vor dem Aussäen mit einer Gießkanne mit Brause leicht angefeuchtet werden. Größere Samen sät man in der Regel direkt in ihrem endgültigen Abstand. Oft können Sie auch mehrere Körner an eine Stelle streuen, um später nur den kräftigsten Keimling stehen zu lassen. Für große Samen sticht man mit einem Pflanzholz ein Loch, gibt das Korn hinein, füllt Erde nach und wässert. Gelegentlich werden Samen über ein ganzes Beet verstreut, eingeharkt und nach dem Keimen pikiert, also einzeln an ihren endgültigen Standort gepflanzt; Lauch beispielsweise vermehrt man auf diese Weise. Schützen Sie Ihre Sämlinge vor Schnecken.

Bohnen sind hungrige Pflanzen, weshalb man viel organische Substanz einarbeitet. Geben Sie zwei bis drei Körner in jedes Loch und lassen Sie nach dem Keimen nur den kräftigsten Sämling stehen.

Zucchini werden in der Regel drinnen gesät, dürfen ab Mai aber auch direkt ins Freiland. Sie mögen schwere Böden, weshalb man vor der Aussaat viel organische Substanz einarbeitet.

Kürbissamen sollten zu zweit oder dritt in ein Loch kommen. Nach dem Keimen lässt man nur den kräftigsten Sämling stehen. Auch Kürbisse brauchen viel organische Substanz im Boden.

Direktaussaat

Die Aussaat ins Freiland, auch Direktaussaat genannt, ist ein Kinderspiel. Man kann das Saatbeet vorher ein paar Tage lang mit einer Kunststofffolie oder einer anderen Abdeckung vorwärmen; das beschleunigt die Keimung. Halten Sie aber immer ein Stück Gartenvlies, einen Folientunnel oder ein Minigewächshaus bereit, um die Sämlinge vor plötzlichen Frösten zu schützen.

◆ **KEIMLINGE** müssen oftmals ausgedünnt werden. Dabei lässt man nur die kräftigsten und gesündesten Exemplare stehen. Wie viel Platz die einzelnen Pflänzchen brauchen, steht auf den Samenpäckchen. Halten Sie das Beet unkrautfrei und wässern Sie die sprießenden Keimlinge regelmäßig. Wenn Sie bis in den Herbst hinein weiter säen und ernten wollen, müssen Sie rechtzeitig für Schutz in Form von Folienabdeckungen sorgen, um das späte Grün vor der Kälte zu schützen.

Kopfkohl wird dünn gesät und nach und nach ausgedünnt, bis jedes Pflänzchen 30–50 cm Abstand zu seinen Nachbarn hat. Saure Böden sollte man vor der Aussaat etwas kalken.

Blattsalate werden dünn in flache Rillen gesät. Man kann sie mit wenigen Blättern ernten oder zu Köpfen heranreifen lassen. Eine Aussaat alle 14 Tage garantiert eine kontinuierliche Versorgung.

Kartoffeln werden im Frühjahr in Furchen gelegt und anschließend mit Erde bedeckt, in die man organische Substanz eingearbeitet hat. Später häufelt man Erde um die wachsenden Pflänzchen an.

Wie man im Freiland aussät

Viele der unten aufgeführten Samen können auch unter Glas ausgesät werden. Die Abstände sind Zirkaangaben: Bei Zwergsorten oder besonders wüchsigen Züchtungen passt man sie entsprechend an. Das gilt auch für Sämlinge, die noch ausgedünnt werden. Halten Sie sich an die Angaben auf der Packung und fragen Sie in Zweifelsfällen Fachleute. Wer in seinem Garten arbeitet, bekommt oft freundliche Ratschläge von Nachbarn, von deren Erfahrungen man profitieren kann.

- **Rillenaussaat:** Brokkoli, Rosenkohl, Kopfkohl, Blumenkohl, Grünkohl, Rote Bete, Karotten, Speiserüben, Spinat, Steckrüben, Blattsalate, Rettiche
- **Aussaat mit 10 cm Abstand:** Knoblauch, Speisezwiebeln
- **Aussaat mit 15 cm Abstand:** Busch- und Stangenbohnen
- **Aussaat mit 30–40 cm Abstand:** Blattmangold
- **Pflanzung in Gruppen:** Lauch, Zuckermais
- **Pflanzung in flachen Rillen:** Erbsen in gut 5 cm Abstand in versetzten Reihen, Stielmangold
- **Pflanzung in versetzten Reihen, 25 cm Abstand:** Dicke Bohnen
- **Aussaat im Saatbeet und späteres Umpflanzen:** Lauch (dünn in Rillen, 15 cm Abstand, 1 cm tief)
- **Aussaat von je 2 Samen, 1 m Abstand zwischen den Paaren:** Zucchini, kleine Kürbisse
- **Aussaat von je 2 Samen, 1,5 m Abstand zwischen den Paaren:** große Kürbisse
- **Knollen:** Frühkartoffeln 30 cm Abstand, mittelfrühe Kartoffeln 40–80 cm Abstand, Topinambur knapp 1 m Abstand

Pflanzmethoden

Zuckermais Er wird vom Wind bestäubt und sollte daher nicht in Reihen, sondern in gleichmäßigen Abständen in einer Gruppe gepflanzt werden.

Es gibt die unterschiedlichsten Pflanztechniken für Gemüse und Obst. Beim Setzen eigener Sämlinge geht man ganz anders vor als beim Einpflanzen junger Obstbäume und -sträucher. In allen Fällen aber muss der Boden gut vorbereitet und anschließend regelmäßig gewässert werden.

Gemüsesämlinge pflanzen

Man kann sich seine Sämlinge selbst heranziehen oder aber kaufen. Letzteres ist zwar etwas teurer, spart aber Zeit. Lesen Sie die Hinweise auf Etiketten und Samenpäckchen immer gut durch, denn jede Gemüsesorte hat ihre eigenen Ansprüche, insbesondere wenn es um die Pflanzabstände geht. Sie unterscheiden sich selbst innerhalb einzelner Gattungen wie den Kohlgewächsen, bei denen kompakte Formen mit 30 cm auskommen, während größere bis zu 50 cm Abstand zu Nachbarpflanzen brauchen. Beim Einpflanzen legt man am besten ein Holzbrett auf die Gemüsebeete, damit man den Boden beim Darauftreten nicht verdichtet.

»Treten Sie **nicht** direkt auf die **Beete**«

Einpflanzen

Kopflastige Pflanzen wie Rosenkohl und Zuckermais profitieren von einem festen Wurzelraum. Drückt man die Erde um ihren Wurzelansatz gut fest, kann der Wind sie nicht so leicht umwerfen. Lauch hingegen mag es nicht, wenn man den Boden um ihn verdichtet. Bei der Pflanzung in Reihen orientiert man sich an einer gespannten Schnur. Gemüsepflänzchen werden meist so gesetzt, dass der Wurzelhals exakt auf Bodenniveau steht.

Kopfkohl wird fest in fette, nährstoffreiche Böden gepflanzt. Dazu gräbt man für das Pflänzchen ein ca. 15 cm tiefes Loch.

Lauch wird anders als die meisten Gemüsearten gepflanzt. Mit einem großen Pflanzholz oder einem zugespitzten Holzstock sticht man ein Loch und steckt den Sämling hinein. Statt den Boden festzudrücken, wässert man nur, wodurch die Erde in das Loch geschwemmt wird.

Unkrautbekämpfung Nach dem Pflanzen verlegt man eine Unkrautfolie oder streut Mulch auf den Wurzelraum, damit sich keine Unkräuter festsetzen.

Obstbäume und -sträucher pflanzen

Frisch gepflanzte Jungbäume werden an einen Pfahl gebunden, damit sie gerade wachsen und der Wind sie nicht umblasen kann. Den Pfahl rammt man schon vor der Pflanzung in die Erde, um eine Beschädigung der Wurzeln zu vermeiden. Steht der Baum bereits, schlägt man den Pfahl diagonal im 45-Grad-Winkel ein.

◆ **MIT BAUMSCHONERN** schützen Sie den Stamm vor Wildverbiss.

◆ **ALS OBSTBÄUME** wählt man am besten auf schwachwüchsige Unterlagen veredelte Exemplare. Sie bleiben dann klein, werfen keinen übermäßigen Schatten und stoßen mit ihren Wurzeln nicht bis in benachbarte Gemüsebeete vor.

◆ **WURZELNACKTE BÄUME** bekommt man meist zwischen Spätherbst und Spätwinter; man pflanzt sie während der Ruhephase. Gehölze in Containern können dagegen ganzjährig gesetzt werden.

Pflanztiefe

Pflanzen Sie Obstgehölze nicht zu tief, da sonst der Stamm faulen kann. Die meisten Gehölze haben eine Veredelungsstelle im unteren Stammbereich. Sie muss immer ein Stück über dem Boden stehen.

Apfelbaum Legen Sie eine Latte über das Pflanzloch, um sicherzugehen, dass der Baum genauso tief steht wie vorher im Topf.

Schwarze Johannisbeeren Sie sind eine Ausnahme und werden etwa 5 cm tiefer gesetzt, als sie zuvor im Topf standen.

Himbeeren Die Ruten werden einzeln gepflanzt. Auch sie müssen so tief stehen wie zuvor im Topf.

Gefäße

Obstgehölze kann man gut in Kübeln ziehen. Das ist vor allem dann sinnvoll, wenn der Gartenboden karg ist. In Gefäßen gezogene Bäume bleiben außerdem kleiner. Dennoch sollten Sie für Töpfe von vornherein schwachwüchsige Züchtungen wählen.

Humus und Dünger Jedes Gefäß muss ein angemessenes Abzugsloch haben. Das Substrat reichert man mit Dünger an.

Pflanztiefe Pflanzen Sie das Gehölz so tief wie im ursprünglichen Topf. Auf das Substrat streut man eine Mulchschicht.

Im ersten Jahr Alle Projekte sind abgeschlossen, die Mitte des Gartens ist freigeräumt. Eine Sitzbank mit Tisch lädt zum Verweilen ein. Die Hochbeete und das Kräuterbeet locken mit vielen leckeren Genüssen, die zum Teil schon erntereif sind. Ein Hasenzaun schützt den Nutzgarten. Das Grundstück hat eine klare, ausbaufähige Struktur.

GEMÜSE

Anbau und Lagerung

Gemüse

Blattgemüse

Kohl und asiatisches Kohlgemüse • Rosenkohl • Spinat und Mangold • Kopf- und Schnittsalate • Chicorée und Endivien • Grünkohl

Kohl & asiatisches Kohlgemüse

Kohl ist nicht nur gesund und erstaunlich schmackhaft, er hat auch einen hohen Zierwert. Es gibt ihn in den verschiedensten Formen und Farben, die Abwechslung und Struktur in einen Nutzgarten bringen. Unverzichtbar ist Kohl aber vor allem, weil er das ganze Jahr über reichlich Erträge liefert.

Netze Mit Abdeckungen wie Netzen schützt man Kohl vor dem Kohlweißling und Tauben.

Aussaat

Kohl wird je nach Gruppe (*siehe rechts*) zwischen dem zeitigen Frühjahr und Spätsommer ausgesät, entweder unter Abdeckungen in kleinen Kunststofftöpfen oder im Saatbeet.

Umpflanzen Sobald die Pflanzen etwa 5 cm hoch sind, setzt man sie mit 30–50 cm Abstand zueinander an ihren endgültigen Standort.

Kultur

Kohl lässt sich je nach Erntezeit in drei Gruppen unterteilen. Frühjahrssorten werden im Juli und August gesät und im September oder Oktober ausgepflanzt. Sommersorten bringt man von März bis Anfang Mai aus und siedelt sie im Mai und Juni nach draußen um. Wintersorten wiederum sät man im April und Mai, um sie von Ende Juni bis Juli ins Freiland zu pflanzen.

◆ **KOHL BRAUCHT** sonnige, geschützte Standorte in nährstoffreichem, durchlässigem Boden. Vor dem Auspflanzen arbeitet man organische Substanz wie gut verrotteten Stallmist ein. Auf mageren Böden lohnt sich eventuell das Anlegen von Hochbeeten, die mit einer Mischung aus hochwertiger Gartenerde, Komposterde und Dung gefüllt werden. Kohlgewächse sollten nicht zwei Jahre hintereinander am selben Platz wachsen, da sie anfällig für Krankheiten wie die Kohlhernie sind, deren Erreger im Boden überdauern.

Wirsing

'Prospera'

Spitzkohl

Asia-Salate

Dieses fernöstliche Blattgemüse kann roh als Salat, in Pfannengerichten oder wie traditioneller Kohl gekocht genossen werden. Es braucht nährstoffreiche Böden und vollsonnige Standorte. Ausgesät wird in 1 cm tiefe Rillen mit 40 cm Abstand. Die Sämlinge dünnt man bei Pflücksalaten auf 15 cm, bei größeren Köpfen auf 30 cm Abstand aus.

Mulchen Spargelsalat muss regelmäßig gewässert und gemulcht werden, sonst schosst er.

Blatternte Nutzt man die Pflanzen als Pflücksalate, erntet man die Blätter einzeln mit der Schere.

Ernte als Ganzes Man kann die Pflanzen am Ende des Sommers auch als ganze Köpfe ernten.

Laufende Pflege

Kohlgewächse sind hungrig und brauchen alle paar Wochen eine Dosis Flüssigdünger, um knackig und gesund zu bleiben. Bei Trockenheit wässert man täglich und jätet regelmäßig, damit sie nicht mit Unkraut um Nährstoffe konkurrieren müssen.

◆ **HALTEN SIE AUSSCHAU** nach Schädlingen und Krankheitssymptomen. Am meisten Schaden richten Tauben an – man hält sie mit Netzen fern. Weitere unerwünschte Mitesser sind der Kohlweißling und die Kleine Kohlfliege.

Ernte Frühjahrssorten werden im April und Mai, Sommersorten von Juli bis September geerntet. Herbst- und Winterkohl ist dann etwa ab September reif für die Küche.

Verwendung

Geeignet für: Salate, Gemüsepfannen, Suppen, als Sauerkraut und in Aufläufen.

Kohlgewächse können länger im Freiland bleiben als anderes Gemüse. Man erntet sie meist, kurz bevor sie gebraucht werden, kann sie aber auch in Netzen an einem kühlen, trockenen Ort lagern, etwa in einer Garage.

Sauerkraut Diese Traditionsspeise besteht aus gehobeltem, durch Milchsäuregärung konserviertem Weißkohl. Sie ist monatelang haltbar.

Rosenkohl

Die Röschen sind zwar nicht nach jedermanns Geschmack, enthalten aber reichlich Vitamin C und lassen sich auf viele verschiedene Arten zubereiten. Es gibt neuere Sorten, die speziell auf mehr Süße gezüchtet wurden – und sogar rotlaubige Varianten, die man auf jeden Fall probieren sollte.

Frostkur Rosenkohl ist jung süß und zart, wird aber noch süßer und wohlschmeckender, wenn er einige Male Minustemperaturen aushalten musste.

Freilandaussaat

Rosenkohl kann man unter Glas aussäen und im Sämlingsstadium nach draußen umsiedeln (*siehe unten*) oder im Frühjahr direkt im Freiland aussäen.

◆ **BEI DIREKTAUSSAAT** sollte man den Boden vorher umgraben und jäten. Wie alle Kohlgewächse bevorzugt Rosenkohl schwere, nährstoffreiche Böden, weshalb man viel organische Substanz wie gut verrotteten Stallmist einarbeitet. Nach dem Harken muss das Beet sich ein paar Wochen setzen, bevor man es ansät.

◆ **AUSGESÄT** wird im Freiland im April oder Mai. Ziehen Sie mit der Hacke 1 cm tiefe Rillen in 15 cm Abstand und säen Sie dünn aus. Nach dem Keimen die Sämlinge auf 8 cm ausdünnen.

Aussaat drinnen

Will man Rosenkohl schon im Spätsommer ernten, sät man ab Februar unter Glas aus. Dazu füllt man Multitopfplatten mit Saaterde und wässert sie gut. Mit dem Pflanzholz sticht man in jedes Modul ein 2 cm tiefes Loch und gibt zwei Samen hinein. Nun wird wieder gewässert. Nach dem Keimen zupft man den schwächeren Sämling aus und lässt nur den kräftigeren stehen. Härten Sie ihn vor dem Auspflanzen ein bis zwei Wochen lang ab.

Nur die Besten Wählen Sie die kräftigsten und gesündesten Sämlinge zum Auspflanzen aus, sobald sie 10 cm hoch sind.

Pflanzabstand Die Pflänzchen werden in 60 cm Abstand gesetzt. Danach drückt man das Erdreich fest und wässert gründlich.

Kohlmanschette Rosenkohl wird leicht von der Kleinen Kohlfliege befallen. Mit »Krägen« am Ansatz hält man die Fliege fern.

Laufende Pflege

Bei länger ausbleibendem Regen muss Rosenkohl gut gewässert werden. Außerdem sollte man den Wurzelraum mulchen, damit sich die Feuchtigkeit länger im Boden hält. Mitunter brauchen die hohen Pflanzen auch eine Stütze, vor allem an windigen Plätzen.

◆ **DIE MEISTEN ÄLTEREN SORTEN** reifen von unten nach oben, neuere Züchtungen dagegen relativ gleichmäßig, weshalb man die ganze Pflanze ernten kann, sobald sie groß genug ist.

◆ **MAN ERNTET** die Pflanze, indem man sie mit einem Messer abschneidet oder mit der Hand abdreht. Rosenkohl hält nicht allzu lange und sollte daher bald verbraucht werden.

Erntezeit Im Frühjahr ausgesäte Exemplare sind im Winter und Frühjahr erntereif. Wurden sie schon im Winter drinnen ausgesät, sind sie vermutlich schon im Spätsommer genussreif.

Verwendung

Für Suppen, Pürees, Schmorpfannen und als Beilage. Kann auch tiefgefroren werden.

Rosenkohl erntet man am besten kurz vor der Zubereitung. Man kann ihn aber auch etwa eine Woche lang im Kühlschrank aufbewahren oder blanchieren und dann etwa ein Jahr in der Kühltruhe lagern. Gut schmeckt er mit Butter und Parmesan als Beilage, man kann ihn aber auch zu diversen Gerichten verarbeiten. Sein Geschmack passt gut zu Blauschimmelkäse, Kastanien, Geräuchertem und Crème fraîche.

Rosenkohlblätter Die buschigen Blätter am oberen Ende des Strunks sind milder als die Röschen, aber sehr empfindlich. Man kann sie wie Grün- oder Kopfkohl zubereiten.

Kulturtipps

Rosenkohl ist leicht zu ziehen, dennoch sollte man ihn vor den typischen Schädlingen bewahren, für die alle Kohlgewächse anfällig sind. Zu diesen zählen die Kleine Kohlfliege, der Kohlweißling und Vögel.

Netze Decken Sie die Pflanzen mit Netzen ab, um Schäden durch Vögel zu vermeiden. Vor allem für Tauben sind Kohlgewächse ein Leckerbissen.

Anhäufeln Kopflastige Exemplare wie diese hindert man am Umfallen, indem man Erde um ihren Ansatz anhäufelt, um sie etwas zu stützen.

Ausputzen Entfernen Sie welkes Laub von älteren Pflanzen, um die Luftzirkulation zu verbessern und zu verhindern, dass die Röschen faulen.

Spinat und Mangold

Kein Wunder, dass Popeye so verrückt nach Spinat war: Die frischen Blätter schmecken großartig und sind sehr gesund. Man kann sie jung für Salate verwenden oder für die warme Küche ausreifen lassen. Nicht minder köstlich ist Mangold, der mit seinen leuchtenden Stielen Farbe in den Gemüsegarten bringt.

Frostschutz Frühsaaten schützt man mit Abdeckungen, die aber an warmen Tagen entfernt werden.

Aussaat

Säen Sie Mangold in der Frühjahrsmitte mit 8 cm Abstand in 2–3 cm tiefe, alle 40 cm gezogene Rillen. Wässern Sie die Reihen gut und beschriften Sie sie mit Etiketten.

Einzelsaat Spinat sät man im zeitigen Frühjahr bis Frühsommer in 1 cm tiefe Rillen. Diese sollten 2–3 cm Abstand zueinander haben. Decken Sie das Saatbeet gut ab und wässern Sie ausgiebig.

Ausdünnen Sobald die Sämlinge 2 cm hoch sind, dünnt man sie aus – Mangold meist auf 30 cm Abstand, Spinat auf 20 cm Abstand.

Kultur

Spinat und Mangold brauchen einen sonnigen bis leicht beschatteten Platz in feuchter, aber durchlässiger Erde. Beide sind unkompliziert, haben aber etwas unterschiedliche Aussaat- und Erntezeiten.

- **MANGOLD** sollte von Frühjahr bis Frühsommer direkt ins Freiland gesät werden und liefert den Sommer über beständig frische Blätter. Durch spätere Aussaat verlängert man die Saison in den Herbst oder sogar Winter hinein, muss dann aber abdecken.
- **SPINAT** wird im Frühjahr ausgesät und im Sommer geerntet oder im Spätsommer gesät und im Herbst geerntet. Wer auf eine konstante Versorgung Wert legt, sät alle zwei bis drei Wochen einen neuen Posten aus.

Laufende Pflege

Spinat und Mangold brauchen nach dem Aussäen und Ausdünnen nur wenig Pflege. Falls der Spinat Mehltau bekommt, zupft man befallenes Laub ab. Im Handel sind für Krankheiten weniger anfällige Züchtungen erhältlich. Wichtig ist ferner, die Sämlingsbeete gut zu jäten und bei Trockenheit zu wässern. Ein Flüssigdünger mit hohem Stickstoffanteil hält die Pflanzen gesund.

◆ **WER SPINAT** als Pflücksalat ziehen möchte, dünnt die Sämlinge nicht aus, sondern erntet sukzessive einzelne Blättchen.

Schossen Mangold muss man im Sommer gut wässern, damit er nicht blüht bzw. »schosst« und damit ungenießbar wird. Auch Spinat ist anfällig für das Schossen, vor allem bei heißem, trockenem Wetter. Daher zieht man ihn im lichten Schatten und wählt Sorten, die nicht zum Schossen neigen.

Verwendung

Für Suppen, Salate, Eintöpfe und Pasteten. Kann auch eingefroren werden.

Spinat und Mangold schmecken jung und frisch am besten – etwa als Salatzutat. Auch die farbenfrohen Stiele des Mangolds sind essbar. Beide Gemüsesorten lassen sich problemlos einfrieren. Dazu werden die Blätter kurz blanchiert, in Eiswasser abgekühlt und schließlich mit einem Tuch getrocknet. Nach dem Auftauen sollte man sie allerdings nur noch gekocht genießen.

Ernte

Im Frühjahr gesäter Mangold ist nach etwa zwölf Wochen erntereif. Spinat braucht acht bis zwölf Wochen. Möchte man beide als Pflücksalat nutzen, kann man früher ernten.

Frische Triebe Ernten Sie Jungpflanzen regelmäßig ab, damit sie neu austreiben. Die Blätter kann man ernten, sobald sie groß genug für den Verzehr sind, oder bis zur Reife wachsen lassen. Verletzen Sie dabei aber nicht den Vegetationspunkt.

Ganze Pflanze Wer mag, kann auch gleich die ganze Pflanze ernten und im Beet Platz für neues Gemüse schaffen.

Blattsalate

Kopfsalat ist Hauptbestandteil gemischter Salate und in etlichen Varianten erhältlich, doch gibt es noch wesentlich mehr Blattsalate, etwa pikanten Rucola, Ampfer und Feldsalat. Sie alle lassen sich leicht und rasch heranziehen, womit sie sich als Lückenfüller für ungenutzte Räume zwischen langsamer wachsendem Gemüse wie Speiserüben empfehlen. Wer clever vorausplant und für etwas Winterschutz sorgt, kann ganzjährig Blattsalate ernten.

Freilandaussaat

Blattsalate können vom zeitigen Frühjahr bis zum Spätsommer in Rillen gesät werden. Davor muss der Boden aber umgegraben, gejätet und eben geharkt werden.

Rillen Ziehen Sie eine rund 1 cm tiefe Rille und streuen Sie die Samen dünn hinein. Anschließend werden die Samen mit Erde bedeckt und leicht gewässert.

Ausdünnen Wer später große, ausgewachsene Köpfe ernten möchte, lässt alle 25 cm einen Sämling stehen. Pflücksalate dünnt man nicht aus.

Kultur

Man unterscheidet vier Arten von Blattsalaten. Romana-Salate wachsen länglich-aufrecht und haben ein lockeres Herz. Krachsalate, zu denen auch der Eisbergsalat zählt, fallen durch dicht gefaltete, knackige Blätter und ein festes Herz auf. Kopfsalate haben weiche, gefaltete Blätter und ein rundes Herz. Schließlich gibt es die Lollo- und Eichblattsalate, die man als Pflück- oder Schnittsalat nutzen kann. Sie eignen sich besonders für Gefäße.

- **AUSGESÄT** wird direkt ins Freiland (*siehe links*). Wer besonders früh ernten möchte, kann auch im Spätwinter unter Glas aussäen und die Pflänzchen ab April oder Mai nach draußen umsiedeln.
- **UNTER GLAS** sät man 2–3 Samen in kleine Töpfe. Nach dem Austreiben lässt man nur den kräftigsten Keimling stehen.
- **FALLS ES** einmal längere Zeit nicht regnet, sollten Sie gut wässern, da die Pflanzen sonst schossen bzw. Samen ansetzen. Regelmäßiges Jäten verhindert Nährstoffkonkurrenz.

Schutz

Schnecken können einen gesunden Bestand von heute auf morgen vernichten, vor allem bei feuchter Witterung. Streuen Sie einen Streifen Sand bzw. Kies um Ihren Salat oder legen Sie Schneckenkorn aus. Auch Blattläuse mögen die Köpfe, weshalb man sie regelmäßig auf Befallsspuren untersuchen sollte.

Sand und Kies Schnecken kriechen nicht gern über raue, trockene Flächen.

Netze Falls Vögel sich über die zarten Blätter hermachen, deckt man die Köpfe mit Netzen ab.

Plastikflaschen Sie schützen die Blätter vor Schnecken und dienen als Minigewächshaus.

Ernte

Pflücksalate schneidet man über dem Ansatz ab, sobald die Blätter groß genug sind. Sie treiben dann binnen weniger Tage wieder aus, sofern man sie gut wässert. Regelmäßiges Abernten verhindert, dass die Blätter zu groß und langbeinig werden.

- **SALATE** mit geschlossenen Köpfen kappt man direkt über dem Boden mit einem Messer.
- **PFLÜCKSALATE** erntet man erst kurz vor dem Verzehr, da sie im Nu welken und auch im Kühlschrank höchstens ein bis zwei Tage halten.

Pflücksalat Wer konstant Nachschub für seine Salatschüssel braucht, sät Pflücksalate.

Chicorée und Endivie

Chicorée und Endivie werden ähnlich wie Kopfsalat kultiviert, halten aber tiefere Temperaturen aus und lassen sich bis weit in den Herbst hinein ernten. Man unterscheidet drei Formen von Chicorée: Zuckerhut, Radicchio und die Bleichzichorie, die im Handel meist nur als Chicorée etikettiert wird. Endivien gibt es mit krausen oder glatten Blättern.

Glatte Endivie

Aussaat

Chicorée und Endivie lassen sich durch Aussaat unter Glas »frühstarten«, Sie können sie aber auch einige Wochen später in leicht angewärmte Böden draußen aussäen.

Säen Graben Sie das Beet um, jäten Sie es und säen Sie die Samen dünn in 1 cm tiefe Rillen.

Wässern Dünnen Sie die Sämlinge auf 30 cm Abstand aus und gießen Sie sie den ganzen Sommer über gut.

Kultur

Chicorée und Endivie brauchen nährstoffreiche, durchlässige Böden und Sonne oder lichten Schatten. Im Winter zieht man sie unter Abdeckungen.

- **DIE AUSSAAT** unter Glas erfolgt im zeitigen Frühjahr in Saatschalen. Ins Freiland sät man ab der Frühjahrsmitte.
- **GEWÄSSERT** werden muss den Sommer über gut, damit die Köpfe nicht schossen.
- **ENDIVIEN** kann man bleichen, damit sie nicht mehr so bitter sind. Dazu bindet man die Blätter zusammen, stülpt einen Topf darüber und erntet nach etwa zwei Wochen.
- **GEERNTET WIRD,** sobald die Blätter groß genug sind.

Krause Endivie

Chicorée oder Bleichzichorie

Treiberei Bleichzichorie wird oft im Winter dazu gebracht, fleischige Knospen auszutreiben. Dazu steckt man reife Wurzeln im Herbst in Töpfe und stellt sie drinnen an einen dunklen Platz. Sobald die Triebe 10 cm lang sind, erntet man sie.

Radicchio

Grünkohl

Dieses vitaminreiche Gemüse gehört zu den dekorativsten, am schönsten strukturierten Mitgliedern der Kohlgattung. Es gibt Grünkohl in mehreren Formen, Größen und Farben. Auch runzelige und krause Sorten sind erhältlich.

Kultur

Grünkohl braucht nährstoffreiche, durchlässige Böden und viel Platz, obwohl man auch Zwergformen bekommt. Jungpflanzen setzt man im Frühsommer an ihren endgültigen Standort. Höhere Formen sollten gestützt werden, damit sie nicht umfallen.

◆ **SCHÜTZEN SIE** Grünkohl mit Kohlmanschetten am Ansatz vor der Kleinen Kohlfliege. Ein feinmaschiges Netz wiederum hält Kohlweißlinge und hungrige Tauben fern.

◆ **GEERNTET** wird im Herbst und Winter durch Abzupfen einzelner Blätter. Beginnt die Pflanze im Frühjahr zu blühen, entsorgt bzw. kompostiert man sie.

Dranbleiben Ernten Sie die zarten inneren Blätter alle paar Tage. Die äußeren schmecken nicht so gut.

Aussaat

Unter Glas sät man Grünkohl im April 1 cm tief in Töpfe, im Freilandbeet dagegen erst ab Mai in Rillen. Sobald die Pflänzchen groß genug sind, kommen sie an ihren endgültigen Standort.

Unter Glas Drinnen herangezogene Sämlinge sollten erst an ihren endgültigen Standort ins Freiland umziehen, wenn sie gefahrlos verpflanzt werden können.

Abstände Die Pflanzen kommen mit etwa 50 cm Abstand in ihr Beet und werden gut gewässert. Höhere Sorten brauchen oft eine Stütze.

Verwendung

Für Aufläufe und Suppen. Lässt sich auch einfrieren.

Grünkohl passt zu Fisch und Fleisch. Er wird gekocht oder gedämpft und als Beilage zum Sonntagsbraten gegessen, schmeckt aber auch in Pfannengerichten, Eintöpfen und Nudelgerichten. Im Kühlschrank hält er eine Woche, gefroren neun Monate.

Quiche Aus Grünkohl mit Käse, Zwiebeln und Eiern auf Mürbe- oder Blätterteig entsteht eine herzhafte Quiche.

roter Grünkohl

Grünkohl

Gemüse

Frucht und Blüte

Tomaten • Gurken und Auberginen • Brokkoli und Blumenkohl • Zucchini • Kürbisse • Paprika und Chilis • Zuckermais • Artischocken

Tomaten

Tomaten lassen sich sehr leicht kultivieren, ob unter Glas oder im Freiland an einem sonnigen Platz. Ab Hochsommer liefern sie verlässlich Früchte. Inzwischen gibt es sie in allerlei Farben, Größen und unterschiedlichem Aroma. Man teilt sie meist in zwei Gruppen ein: Rispentomaten, die man an Stäben oder Schnüren zieht, und Strauchtomaten, die buschig bzw. ohne Stütze wachsen.

Pflanzsäcke

Sie passen in jeden Gemüsegarten. In ihnen kann man Tomaten dort platzieren, wo sie am besten gedeihen.

Löcher Die Pflanzlöcher im Kunststoffsack sollten so groß sein, dass die Tomaten Platz zum Wachsen haben und gewässert werden können. Stechen Sie außerdem Abzugslöcher in die Unterseite.

Wässern Während Tomaten blühen und fruchten, sind sie besonders durstig. Halten Sie deshalb das Substrat im Pflanzsack dauerhaft feucht.

Kultur

Die Aussaat erfolgt ab März unter Glas. Füllen Sie dazu einen Topf oder eine Saatschale mit Substrat, wässern Sie gut und verteilen Sie die Samenkörner mit 1 cm Abstand zueinander. Anschließend werden sie dünn mit Erde bedeckt und in einem Anzuchtkasten auf ein warmes Fensterbrett gestellt.

◆ **SOBALD** die Sämlinge ihr erstes Blattpaar tragen, pikiert man sie in Einzeltöpfe und zieht sie unter Glas, bis sie gefahrlos nach draußen umgesetzt werden können. Bei Bedarf siedelt man sie in größere Töpfe um.

◆ **PFLANZEN SIE** Tomaten mit 30 cm Abstand an einen geschützten, sonnigen Platz. In Pflanzsäcken dürfen sie zu dritt stehen.

◆ **DIE BÖDEN** sollten Sie vor dem Einpflanzen mit Humus verbessern. Das schützt das Substrat vor dem Austrocknen.

Laufende Pflege

Wer Tomaten gut »betreut« und unter optimalen Bedingungen zieht, wird von Juli bis in den September oder sogar Oktober hinein mit regelmäßiger Ernte belohnt.

◆ **GUTES WÄSSERN** ist entscheidend, denn Trockenheit beeinträchtigt das Wachstum und die Fruchtentwicklung. Nach der Blüte müssen Sie außerdem wöchentlich düngen.

◆ **RISPENTOMATEN** werden mit einem Trieb an einem Stab oder einer Schnur gezogen und sukzessive festgebunden. Sobald sich vier bis fünf Blütenbüschel entwickelt haben, kappt man die Triebspitze, um das Längenwachstum zu stoppen.

◆ **TOMATEN** werden ab dem Hochsommer reif. Den besten Geschmack haben gleichmäßig gefärbte Früchte. Kleine Tomatensorten reifen bei gutem Wetter recht schnell, während größere Formen, etwa Fleischtomaten, mitunter mehrere Tage brauchen.

Tipps

Wässern Sie jede Pflanze regelmäßig – bei großer Hitze brauchen Tomaten manchmal sogar täglich eine Wassergabe. Wichtig ist außerdem ein kaliumreicher Dünger. Die Pflanzen dürfen auch niemals austrocknen, sonst platzen die Früchte oder entwickeln Blütenendfäule (*siehe S. 235*). In Gewächshäusern muss man immer gut lüften.

Stütze Binden Sie die Triebe von Rispentomaten an ihre Stütze, da sie wegen der vielen Früchte kopflastig werden.

Abzwicken Die Seitentriebe von Rispentomaten werden regelmäßig gekappt, doch Strauchtomaten lässt man ungehindert wachsen. Beim Abzwicken hält man den Haupttrieb mit der anderen Hand fest.

schwarze Kirschtomate

Traubentomate

Verwendung

Für Ketchup, Chutneys, Suppen, Soßen. Sie können Tomaten durch Trocknen im Ofen haltbar machen.

Tomaten halten sich einige Tage im Kühlschrank, einfrieren aber lassen sie sich nicht. Kann man sie nicht aufbrauchen, trocknet man sie, verarbeitet sie grün zu Tomatenchutney bzw. reif zu Ketchup oder friert sie in Form von Soßen und Suppen ein.

Ofengetrocknet Legen Sie die getrockneten Tomaten in mit Olivenöl gefüllte, sterilisierte Gläser. So lassen sie sich bis zu sechs Monate lang an einem kühlen, dunklen Ort aufbewahren.

Soßen Wer Ketchup selbst zubereitet, weiß, was drin ist. In sterilisierten Flaschen kann man es bis zu sechs Monate aufbewahren. Zu Steaks und Chips ist es fast ein Muss, aber auch Würstchen mit Kartoffelbrei profitieren davon.

Chutneys Tomaten bieten sich für Chutneys förmlich an. Man verarbeitet sie entweder reif oder grün – gerade zum Saisonende bleiben oft etliche unreife Früchte übrig. Chutneys halten sich etwa ein Jahr lang.

Gurken

Ohne Gurken sind frische gemischte Salate einfach nicht komplett. Gurken schmecken nach Sommer, haben fast keine Kalorien und sind kühl, erfrischend und gesund. Kurzum: Sie dürfen in keinem Gemüsegarten fehlen. Wer kein Gewächshaus für Salatgurken hat, wählt eben Freilandformen wie die Schälgurke.

Kultur

Gurken sollten Sie schon im zeitigen Frühjahr säen, denn sie brauchen ziemlich lange, bis sie reife Früchte liefern. Allerdings reagieren sie empfindlich auf Temperaturschwankungen während der Keimphase und brauchen daher von Anfang an gleichmäßige Wärme. Man sät sie unter Glas im Abstand von 10 cm und stellt die Töpfe in einen Anzuchtkasten. Nach dem Keimen lässt man sie drinnen weiterwachsen, bis draußen keine Fröste mehr drohen.

- **FREILANDSORTEN** haben männliche und weibliche Blüten und müssen eventuell von Hand bestäubt werden, um zu fruchten. Dazu zupft man einfach eine männliche Blüte ab und drückt sie in weibliche Blüten.
- **GEWÄCHSHAUSGURKEN** tragen oft nur weibliche Blüten und sind jungfernfrüchtig, d. h., sie müssen nicht bestäubt werden.

Schutz Abdeckungen schützen Jungpflanzen vor Frost und beschleunigen zudem den Fruchtansatz.

Kulturtipps

Wer genug Platz hat, kann Gurkenpflanzen am Boden entlang wachsen lassen, wo sie sich bereitwillig ausbreiten. Andernfalls zieht man sie am besten an Stäben oder speziellen Gerüsten hoch.

Gerüst Binden Sie die wachsenden Gurkentriebe gut an ihrer Stütze fest, ganz gleich, ob Sie Bambusstäbe oder spezielle Klettergerüste verwenden.

Ernte Gurken sollte man regelmäßig abernten. Das regt die Pflanze dazu an, immer neue Früchte anzusetzen, die dann auch noch besser schmecken.

Verwendung

Als Einlegegurken

Gurken sollte man bald verbrauchen, denn sie halten nicht lange im Kühlschrank und lassen sich auch nicht einfrieren. Wer zu viel auf einmal geerntet hat, kann sie mit Dill und anderen Gewürzen in Essig einlegen.

Auberginen

Auberginen sind nicht ganz so leicht zu ziehen wie andere Gemüsepflanzen, das Ergebnis aber lohnt die Mühe. Sie brauchen ein Gewächshaus oder einen sehr sonnigen, geschützten Platz. Unter günstigen Bedingungen liefert jede Pflanze fünf bis sechs Früchte.

Umtopfen Unter Glas gezogene Auberginen muss man umtopfen. Verletzen Sie dabei aber nicht den Wurzelballen.

Kultur

Im zeitigen Frühjahr füllt man kleine Kunststofftöpfe mit Saaterde und gibt jeweils einen Samen hinein. Dann werden die Gefäße gut gewässert und in einen beheizbaren Anzuchtkasten gestellt. Sobald die Sämlinge 6 cm hoch sind, nimmt man sie heraus und bringt sie in ein Gewächshaus oder platziert sie auf einem Fensterbrett.

◆ **FÜR DIE FREILANDKULTUR** müssen die Pflänzchen zuerst in einem Frühbeet abgehärtet werden. Ab Mai kann man sie dann an einen warmen, geschützten Standort auspflanzen.

◆ **REGELMÄSSIGES ABERNTEN** regt die Pflanzen zur Bildung neuer Früchte an, die man rasch verwerten sollte, da sie nicht lange halten. Geerntet werden sie, sobald sie glatt und glänzend sind.

Kulturtipps

Wenn der Haupttrieb 30 cm hoch ist, zwickt man seine Spitze ab, damit sich Seitentriebe bilden. Auberginen müssen regelmäßig gewässert und einmal wöchentlich gedüngt werden, um gesund zu bleiben. Die Früchte können ziemlich groß werden, weshalb die Pflanze eine Stütze braucht.

Stütze Binden Sie die Pflanze mit einer weichen Schnur fest. Dabei schlingt man die Schnur in Form einer Acht um den Trieb und die Stütze.

'Black Beauty'

'Calliope'

'Thai Green'

'Mohican'

Verwendung

Für Moussaka oder Ratatouille

Gekühlt halten Auberginen nur ein paar Tage. Gefrierschränke mögen sie gar nicht, doch kann man sie in Form fertiger Gerichte wie Moussaka einfrieren.

Brokkoli und Blumenkohl

Brokkoli und Blumenkohl gehören zu den beliebtesten, schmackhaftesten Kohlgewächsen. Man unterscheidet drei Brokkoli-Sortengruppen: violetten und weißen Brokkoli oder Sprossbrokkoli sowie den häufigeren, großen, grünen Calabrese-Brokkoli. Vorbei sind auch die Zeiten, da es Blumenkohl nur in Weiß gab: Inzwischen kann man Gerichte – und Gärten – mit orangefarbenen, violetten und gelben Züchtungen aufpeppen.

Freilandaussaat

Bei einjähriger Kultur erfolgt die Aussaat sowohl von Calabrese-Brokkoli als auch Blumenkohl im Frühjahr in 1 cm tiefe Rillen. Samen mit Erde abdecken und vorsichtig gießen.

Ausdünnen Sobald die Pflänzchen größer sind, dünnt man sie auf den endgültigen Abstand aus – bei Brokkoli 40 cm, bei Blumenkohl 70 cm.

Kultur

Blumenkohl und Brokkoli bevorzugen nährstoffreiche Böden, daher sollte man reichlich Humus einarbeiten. Vor dem Bepflanzen sollte man die Beete gründlich durch Umgraben und Jäten vorbereiten. Calabrese-Brokkoli reagiert empfindlich auf Störungen des Wurzelraums, man sät ihn daher in der Frühjahrsmitte direkt ins Freiland (*siehe links*). Will man Blumenkohl im Frühjahr ernten, muss er im Herbst gesät und gut vor Kälte geschützt werden. Eine Ernte im Sommer ist möglich, wenn man ihn schon ab März unter Glas aussät. Man legt je zwei Samen 1 cm tief in kleine Töpfe. Später lässt man nur den kräftigsten Keimling stehen.

- **INS FREILAND** pflanzt man Sommerblumenkohl, sobald er etwa 15 cm hoch ist. Davor ist eine Abhärtung im Frühbeet ratsam.
- **SOMMERSORTEN** sollte man mit 60 cm Abstand zueinander pflanzen. Danach ist gutes Wässern wichtig.

Schutz

Während die Pflanzen wachsen, jätet man um sie herum regelmäßig, damit sie nicht mit Unkraut um Nährstoffe konkurrieren müssen. Wichtig ist auch gutes Wässern, um Pilzkrankheiten wie Mehltau zu vermeiden. Vögel können die Blätter zerfleddern. Achten Sie auch auf Befall durch die Kleine Kohlfliege und Raupen des Kohlweißlings.

Kohlfliege Kohlmanschetten am Triebansatz hindern den Schädling, Eier auf der Pflanze abzulegen.

Netze Decken Sie die Pflanzen ab, sodass weder Vögel noch Kohlweißlinge zu ihnen gelangen.

Sonne Damit weißer Blumenkohl in der Sonne nicht gelb wird, bindet man seine Blätter zusammen.

Ernte

Calabrese-Brokkoli kann man vom Hochsommer bis zur Herbstmitte ernten. Reif für die Küche ist er, wenn seine Blüten vorhanden, aber noch nicht geöffnet sind. Ernten Sie als Erstes den Hauptstrunk, damit sich die Seitentriebe weiter entwickeln können. Wird violetter und weißer Sprossbrokkoli regelmäßig abgeerntet, verlängert man die Saison bis in den Herbst. Die Blumenkohlsaison lässt sich strecken, indem man manche Köpfe jung erntet.

◆ **WARTEN SIE** mit der Blumenkohlernte nicht zu lang, da die Röschen sich trennen und dann nicht mehr so gut schmecken.

Blumenkohl 'Mayflower'

Blumenkohl 'Violet Queen'

Verwendung

Für Salate, Suppen und Gratins. Kann tiefgefroren oder sauer eingelegt werden.

Blumenkohl lässt sich bis zu drei Wochen lagern, wenn man ihn mit intaktem Wurzelballen erntet und an einem kühlen, trockenen Platz aufbewahrt. Im Kühlschrank hält sich weder Blumenkohl noch Brokkoli länger als eine Woche. Kann man nicht alles verbrauchen, friert man die Röschen ein, blanchiert sie aber vorher, damit sie ihre Konsistenz und ihren Geschmack bewahren. Sie halten tiefgefroren ein Jahr.

Piccalilli Diese typisch englischen Senfpickles enthalten vor allem Blumenkohl, den Senf und Kurkuma gelb färben. Piccalilli kann man bis zu sechs Monate lagern.

Zucchini

Schon ein, zwei Pflanzen reichen und man ist den ganzen Sommer über mit Zucchini in Hülle und Fülle versorgt. Das ausgesprochen nahrhafte Gemüse braucht allerdings reichlich Platz im Garten. Man kann die Früchte klein ernten oder zu stattlichen, kürbisartigen Keulen heranwachsen lassen.

Bestäubung Von Hand bestäubte Blüten, bindet man danach einen Tag zusammen.

Aussaat

Die Kultur von Zucchini ist ein Kinderspiel. Man sät die Samen unter Glas in der zweiten Frühjahrshälfte 3 cm tief einzeln in Töpfe mit handelsüblicher Blumenerde.

Seitenlage Damit die Samen vor dem Keimen nicht faulen, legt man sie seitlich auf das Substrat.

Freiland Ab Mitte Mai kann man Zucchini im Freiland säen. Bohren Sie mit dem Pflanzholz ein Loch in die Erde und geben Sie zwei Samen hinein. Nach dem Austrieb den schwächeren Keimling entfernen.

Kultur

Sämlinge werden erst ins Freiland gesetzt, wenn keine Spätfröste mehr drohen. Sind sie schon vorher zu groß für ihre Gefäße geworden, muss man sie gegebenenfalls drinnen noch einmal umtopfen. Unter Glas wässert man sie alle paar Tage und verwöhnt sie 14-täglich mit einem Flüssigdünger, damit sie kräftig und gesund bleiben.

◆ **BEREITEN SIE** den Boden ein paar Wochen vor dem Bepflanzen vor, damit er Zeit hat, sich zu setzen. Graben Sie ihn gut um und arbeiten Sie reichlich Humus ein. Zucchini brauchen nährstoffreiche Böden, denn sie entwickeln riesige Früchte.

◆ **MIT EINER HANDSCHAUFEL** gräbt man Pflanzlöcher und setzt die Pflänzchen mit rund 1 m Abstand zueinander. Anschließend werden sie gut gewässert.

Schutz

Sämlinge sind nach dem Auspflanzen anfällig für Schneckenfraß, vor allem in einem feuchten Frühjahr. Man kann mit Schneckenkorn gegen die schleimigen Plagegeister vorgehen, Bierfallen im Boden versenken oder Kies und Sand um die einzelnen Pflänzchen streuen. Auch eine Lage Kleie macht es ihnen schwer, zu den zarten Blättchen zu gelangen.

Glasscheiben Stellen Sie in den ersten Tagen Glasscheiben um die Pflanzen, um sie vor der Kälte in Frühlingsnächten zu schützen.

Abdeckungen Bei Direktaussaat kann man den Boden vor dem Bepflanzen einige Tage lang mit einer Abdeckung vorwärmen.

Plastikflaschen Stülpen Sie alte Kunststoffflaschen über die Sämlinge. Sie schützen sie im Frühjahr vor Spätfrösten.

Laufende Pflege

Echter Mehltau ist ein gefährlicher Pilz. Wässern Sie den Wurzelraum gut, damit sich die Krankheit nicht so schnell ausbreitet, und zupfen Sie befallenes Laub sofort ab.

◆ **ERNTEN SIE** Zucchini mit der Gartenschere oder einem Messer, sobald sie 10–15 cm lang sind. Damit die Gewächse immer neue Früchte entwickeln, muss man sie regelmäßig abernten.

Wässern Wer nicht dazu kommt, täglich zu gießen, steckt neben die Pflanze eine Plastikflasche mit abgeschnittenem Boden umgedreht in die Erde und füllt sie mit Wasser. So werden die Wurzeln ein paar Tage lang gut versorgt.

Verwendung

In Füllungen, Suppen, Aufläufen, Kuchen und Muffins sowie frittiert. Lassen sich einfrieren.

Nicht nur die Früchte sind essbar, sondern auch die großen gelben, trompetenförmigen Blüten, die man gut frittieren kann. Zucchini halten tiefgefroren etwa ein halbes Jahr, schmecken nach dem Auftauen aber nicht mehr ganz so gut wie das frische Gemüse, weshalb man es am besten in Form fertiger Suppen und Soßen einfriert und nach Bedarf aus dem Gefrierschrank holt.

Muffins Kaum zu glauben: Aus Zucchini lassen sich köstliche Muffins und Kuchen zaubern. Sie erinnern ein bisschen an Karottenkuchen.

Zucchini 'Tiger Cross'

Riesenkürbisse

Die Schwergewichte aus dem Gemüsereich sind Starkzehrer und brauchen nährstoffreiche Böden, um ihr üppiges Laub und die dekorativen Früchte zu bilden. Wer in seinem Garten eher magere Böden hat, sollte sie gleich mitten auf den Komposthaufen pflanzen. Sie sind in allerlei Farben und Formen erhältlich und immer ein Hingucker.

Kultur

Die Samen sollten Sie zwischen Mitte April und Mitte Mai aussäen, damit sie sich vor dem Auspflanzen ins Freiland gut entwickeln können. Füllen Sie dazu einen 8-cm-Topf mit Saaterde und stecken Sie je ein Samenkorn pro Topf 2–3 cm tief hinein. Nun wird das Gefäß in ein Gewächshaus oder einen Anzuchtkasten bzw. auf ein helles Fensterbrett gestellt.

◆ **SOBALD WURZELN** durch das Abzugsloch herausspitzen, siedelt man die Sämlinge in 12-cm-Töpfe um.

Abhärten Vor dem Auspflanzen ins Freiland müssen die Pflänzchen ein paar Tage lang im Frühbeet abgehärtet werden.

Riesenkürbis

Auspflanzen

Suchen Sie einen sonnigen, geschützten Platz im Garten und arbeiten Sie viel gut verrotteten Stallmist oder Humus in die Erde ein. Jeder Sämling wird auf ein Hügelchen gepflanzt und bekommt 1–2 m Abstand zum Nachbarn, um sich ungehindert ausbreiten zu können. Nach dem Festdrücken der Erde und dem Wässern mulcht man den Wurzelraum.

Pflanzloch Graben Sie ein passend großes Loch und ziehen Sie den Sämling aus dem Topf.

Festdrücken Drücken Sie die Erde um den Sämling etwas fest und mulchen Sie mit Humus.

Düngung Kürbisse brauchen regelmäßig Nahrung. Färben sich die Blätter gelb, deutet dies darauf hin, dass sie Nachschub brauchen.

Laufende Pflege

◆ **GEDÜNGT** wird wöchentlich mit einem Tomaten- oder Flüssigvolldünger. Das darin enthaltene Kalium ist wichtig für Größe, Farbe und Geschmack.

◆ **VERTEILEN SIE** eine dicke Mulchschicht um jede Pflanze. Sie verringert die Verdunstung von Wasser und unterdrückt Unkraut.

◆ **ENTFERNEN SIE** einige Minifrüchte, bevor sie zu groß werden. Lassen Sie nur zwei bis drei Früchte hängen, damit die Pflanze ihre Energie ganz in das Wachstum dieser wenigen Exemplare stecken kann.

◆ **HALTEN SIE** den Bereich um die Pflanzen unkrautfrei.

◆ **KÜRBISSE** sind von Ende September bis Anfang November reif. Man erntet sie, wenn der Stiel Risse bekommt und die Schale hart wird. Lassen Sie Kürbisse möglichst ein, zwei Wochen lang in der Herbstsonne trocknen, bevor Sie sie abschneiden. Damit sie nicht faulen, lässt man ein Stück des Stiels stehen.

Dicke Dinger

Wer gigantische Kürbisse ziehen möchte, pflanzt große Sorten, entfernt die meisten Früchte im Frühstadium, lässt nur zwei bis drei stehen und düngt wöchentlich.

Fäulnisgefahr Legen Sie Riesenkürbisse auf Ziegel, Fliesen oder Holz, da sie auf dem Boden leicht faulen.

Verwendung

Für Suppen, Currygerichte, Aufläufe, Quiches, Ravioli, Risotto, Brot. Kann auch gebacken und eingefroren werden.

Riesenkürbisse sind lange haltbar, wenn man ihre Schale nach der Ernte eine gute Woche lang in der Sonne hat härten lassen. An einem kühlen, trockenen Ort lassen sie sich sechs Monate aufbewahren. Der geschälte Kürbis kann püriert oder gekocht und portionsweise tiefgefroren werden.

Kürbisbutter Kürbisfleisch, mit Apfelsaft und Gewürzen gekocht, ergibt diese köstliche Süßspeise. Sie hält sich im Kühlschrank ein halbes Jahr.

Kürbiskuchen An Halloween inzwischen fast schon ein Muss. Kinder lieben den Kuchen aus Kürbisfleisch, Eiern, Milch, Zucker und Gewürzen.

Kürbiskerne Sie werden im Ofen auf einem Backblech geröstet, mit Olivenöl beträufelt und mit Chiliflocken bestreut. Eine gesunde, schmackhafte Nascherei.

Halloween

Halloween ist ohne Kürbislaterne nicht denkbar. Kinder lieben die lustigen Gruselgesichter und sind begeistert, wenn man sie mit ihnen gemeinsam schnitzt. Im Internet finden sich reichlich Tipps und ungewöhnliche, zum Teil sehr kunstvolle Motive. Wem das zu kompliziert ist, der schneidet einfach mit dem Messer ein Gesicht in den ausgehöhlten Kürbis und stellt ein Teelicht hinein.

Verwertbar Werfen Sie das Kürbisfleisch nicht weg, sondern zaubern Sie Suppen oder Kürbiskuchen daraus!

Sommer- und Winterkürbisse

Sommerkürbisse gibt es in den verschiedensten Formen und Größen. Winterkürbisse dagegen sind etwas zäher und fleischiger. Sie ähneln ein bisschen den Riesenkürbissen, haben aber einen nussigeren, süßeren Geschmack und fallen durch eine Reihe eigentümlicher Formen ins Auge. Eines aber haben alle Kürbisse gemeinsam: Sie sind ganz einfach anzubauen.

Auspflanzen Ab Juni kann man die Kürbisse gefahrlos im Freiland ziehen. Anfangs müssen sie aber täglich gewässert werden.

Verwendung

Für Suppen, Eintöpfe, Pfannengerichte. Zum Braten oder Backen geeignet.

Winterkürbisse lassen sich bis zu sechs Monate an einem kühlen, trockenen Ort lagern. Man »konserviert« sie, indem man sie in der Sonne trocknet. Sommerkürbisse werden nicht so hart wie ihre winterlichen Pendants und halten entsprechend kürzer.

Gebraten Schälen, in Scheiben schneiden, mit Olivenöl beträufeln und mit frischen Kräutern bestreuen. Ab in den Ofen und fertig ist ein leckeres Gericht.

Kultur

Wer reichlich Kürbisse ernten möchte, muss ihnen nährstoffreiche Böden und viel Sonne bieten. Ist Platz Mangelware, pflanzt man kleine Sorten an Pergolen, Rankgittern und Pfosten.

◆ **UNTER GLAS** wird in der zweiten Frühjahrshälfte 1 cm tief in 8-cm-Töpfe ausgesät. Legen Sie die Samenkörner seitlich auf das Substrat, damit sie nicht faulen. Auf einer sonnigen Fensterbank bringt man sie zum Keimen. Drohen keine Fröste mehr, können die Pflänzchen mit 1,5 m Abstand ins Freie umgesiedelt werden.

◆ **DIREKTAUSSAAT** im Freiland ist erst ab Mai gefahrlos möglich. Säen Sie dazu zwei bis drei Samen 2–3 cm tief und in 1,5 m Abstand aus. Später vereinzelt man sie, indem man nur den kräftigsten Sämling stehen lässt. Für den Fall, dass es doch noch einmal frostig wird, hält man Abdeckungen oder ein Vlies bereit.

Kürbisbeet

Sie haben magere, nährstoffarme Böden in Ihrem Garten? Nicht verzweifeln: Ein Beet, in dem Kürbisse optimale Bedingungen vorfinden, ist schnell und preiswert angelegt. Eine Lage Karton als Unterbau verringert den Verlust von Feuchtigkeit und Nährstoffen und verrottet irgendwann im Boden. Wichtig ist regelmäßiges Düngen.

Rahmen Legen Sie Kartonbögen auf die nackte Erde und drapieren Sie Ziegel, Steine oder Holz als Abgrenzung außen herum.

Humus Auf die Pappe kommt eine dicke Schicht organischer Substanz, etwa gut verrotteter Stallmist oder Komposterde.

Pflege Die Pflänzchen brauchen mindestens 1,2 m Abstand und müssen im Sommer alle paar Tage gegossen werden.

Laufende Pflege

Kürbisse sind ausgesprochen durstige Pflanzen, denn sie entwickeln üppiges Laub und tragen Früchte mit hohem Wassergehalt. Reichliches Gießen im Sommer ist daher oberstes Gebot.

◆ **LEGEN SIE** Kürbisse auf ein Stück Holz, Fliesen oder Stroh, damit sie beim Kontakt mit der Erde nicht faulen. Zieht man sie an Pfosten oder anderen Stützen hoch, muss man die Triebe außerdem regelmäßig anbinden.

◆ **HALTBAR GEMACHT** werden Kürbisse, indem man sie so lange an der Pflanze reifen lässt wie möglich. Bekommen sie allerdings Frost ab, werden sie matschig und halten nicht mehr lange. Daher muss man sie vor dem Frost noch rasch ernten.

Netze Manche Kürbisse wachsen kletternd bzw. hängend und können an vertikalen Stützen gezogen werden. Sobald die Früchte größer werden, brauchen sie jedoch Halt, wie hier durch ein Obstnetz.

'Türkenturban'

'Little Gem'

Patty-Pan-Kürbis

Paprika & Chili

Paprika, zu denen auch die scharfen Chilis gehören, peppen mit ihren farbenfrohen Früchten den Garten ebenso auf wie Speisen. Gemüsepaprika bringen knackige Frische in Salate, während Chilis in allen Varianten von mild bis feurig zu haben sind.

Aussaat

Paprika wird ab März unter Glas in Töpfe ausgesät und in einen Anzuchtkasten gestellt, bis die Samen austreiben.

Gefäße Die Samen kommen einzeln 1 cm tief in Töpfe mit Saaterde. Sobald die Keimlinge hervorspitzen, stellt man sie an einen warmen, hellen Platz.

Auspflanzen Wenn keine Fröste mehr zu erwarten sind, pflanzt man die Keimlinge mit 40 cm Abstand ins Freiland und wässert sie gründlich.

Kultur

Wasser Die Pflanzen müssen den ganzen Sommer über gut gegossen werden, damit sie reichlich Früchte ansetzen. Trockenheit schmälert die Ernte.

An warmen, sonnigen Standorten können Sie Paprika draußen ziehen. Wo es kühl ist, etwa in Frostsenken oder generell kalten Regionen, kultiviert man sie am besten im Gewächshaus, muss dort aber täglich wässern.

- **PAPRIKA UND CHILIS** eignen sich für das Freiland, sind aber auch in Töpfen gut aufgehoben. Die Gefäße sollten mindestens 25 cm breit sein. Eine weitere Option sind Pflanzsäcke, in ihnen muss man die Pflanzen allerdings täglich gießen.
- **VOR DEM AUSPFLANZEN** ins Freiland härtet man die Sämlinge ein paar Tage lang ab, etwa in einem Frühbeet oder indem man sie tagsüber hinausstellt und nachts an einen geschützten Platz bringt.
- **SOBALD** die Pflanzen etwa 25 cm hoch sind, kappt man ihre Triebspitze, damit sie buschiger wachsen, was zusätzlich den Fruchtansatz fördert. Ab der Blüte brauchen sie wöchentlich einen Flüssigdünger, um gut zu wachsen und Früchte zu entwickeln.

Laufende Pflege

Werden Paprika im Gewächshaus kultiviert, können ihre Blüten nicht von Insekten angeflogen werden, sodass man sie künstlich bestäuben muss. Mit einem kleinen Pinsel lassen sich die Pollen von einer Blüte auf die andere übertragen.

- **PAPRIKA** kann man grün ernten oder nachdem sie ihre endgültige Farbe angenommen haben.
- **SIND SIE** bis zum Herbst nicht ausgereift, verlängert man die Reifezeit noch ein paar Tage durch Abdecken.

Stütze

Die Pflanzen müssen mit Stäben und weichen Schnüren gestützt werden, damit ihre Triebe nicht abbrechen.

Wurzelraum Stützstäbe muss man vorsichtig in die Erde stecken, damit die Wurzeln dabei nicht verletzt werden.

Verwendung

Für Chili con Carne oder Chiliöl. Getrocknet, geröstet, gebraten, tiefgefroren oder eingekocht.

Paprika werden tiefgefroren breiig, man kann sie dann aber noch für Suppen und Eintöpfe nutzen. Chilis lagert man am besten getrocknet, sie halten sich jedoch auch in der Tiefkühltruhe bis zu einem Jahr. Man trocknet sie in der Sonne auf einem Gitterrost oder hängt sie in die Küche.

Chiliöl Chilischoten können in Kochöl eingelegt oder gewürfelt Würzsoßen hinzugefügt werden.

Trocknen Auf Schnüren aufgereiht kann man Chilischoten gut in der Küche trocknen.

Mais

Mais gehört zu den dekorativsten Nutzpflanzen. Der Anbau der hohen, laubreichen Gewächse lohnt sich jedoch auch aus kulinarischen Gründen, denn die Kolben verlieren rasch ihre Süße und schmecken deshalb frisch geerntet am besten – ob gekocht, gegrillt oder gedämpft. In der Küche findet fast ausschließlich der Zuckermais Verwendung.

Reif Sobald sich die Haare an der Spitze braun färben, kann man die Kolben ernten (*siehe rechts*).

Von der Rolle Sät man Mais in Papierröhrchen, setzt man ihn mitsamt der Rollen in die Erde, um den Wurzelballen nicht zu verletzen.

Kultur

Mais startet mit besten Voraussetzungen in die Saison, wenn man ihn im späten Frühjahr unter Glas aussät. Dazu werden die Samen einzeln in kleine, mit Saaterde gefüllte Töpfe oder Multitopfmodule gesteckt, die man zuvor leicht gewässert hat. Allerdings ist auch Direktaussaat ins Freiland möglich (*siehe unten*).

- **DIE SAMEN** kommen 2 cm tief in die Erde. Dann stellt man sie in einen beheizten Anzuchtkasten oder auf eine sonnige Fensterbank.
- **SOBALD** keine Fröste mehr zu erwarten sind, setzt man die Pflänzchen ins Freie. Sie sollten allerdings schon mindestens 10 cm hoch sein.
- **MAIS** wird vom Wind bestäubt. Das funktioniert am besten, wenn man ihn gitterartig angeordnet mit je 30 cm Abstand zueinander pflanzt.

Direktaussaat

Eine Aussaat ins Freiland ist ab Juni möglich. Dazu wärmt man den Boden mit einer Abdeckung zwei Wochen lang vor. Ritzen Sie ein Gittermuster mit 30 cm Abstand zwischen den Linien auf die Oberfläche, bohren Sie ein 2 cm tiefes Loch in die Kreuzungspunkte der Linien, legen Sie zwei Körner in jedes Loch und füllen Sie es mit Erde. Dann decken Sie das Beet ab, bis die Samen keimen. Den schwächeren der beiden Keimlinge zupft man aus.

Aussaat Nicht alle Samen keimen. Geben Sie daher zwei Samen in jedes Loch, um die Chancen zu verdoppeln.

Keimung Sobald die Keimlinge hervorspitzen, entfernt man den schwächeren der beiden und lässt nur den kräftigsten stehen.

Schutz Plastikflaschen sind ein ideales Minigewächshaus und ein guter Schutz, falls es im Frühjahr doch noch kalt werden sollte.

Kulturtipps

Bei Mais sollte man eine Bestäubung zwischen verschiedenen Sorten vermeiden, da die Kolben sich sonst möglicherweise nicht gut entwickeln. Beim Anbau mehrerer Sorten ist daher ein großer Abstand zwischen den Sorten ratsam. Mitunter brauchen die Halme eine Stütze. Optimal genutzt wird der Platz, wenn man zwischen den Mais noch kleine, kriechende Kürbisse pflanzt.

Jäten Zupfen Sie Unkräuter um die Maishalme herum regelmäßig aus, um Nährstoffkonkurrenz zu vermeiden.

Anhäufeln Mit zunehmendem Wachstum häufelt man die Erde um den Ansatz an, um die hohen Pflanzen zusätzlich zu stützen.

Wässern Mais muss alle paar Tage gewässert werden, vor allem nach dem Einpflanzen und während der Blüte.

Ernte

Die Kolben erntet man, indem man sie mit festem Griff von der Pflanze dreht. Pro Halm gibt es zwei bis drei Kolben.

◆ **UM DIE REIFE** zu testen, öffnet man die Hüllblätter und drückt mit dem Daumennagel in ein Korn. Erscheint ein milchiger Saft, können sie geerntet werden. Andernfalls schlägt man die Blätter wieder zurück und wartet noch ein paar Tage.

Erntezeit Zuckermais verliert nach dem Ernten im Nu seine Süße. Man überprüft die Kolben regelmäßig auf ihre Reife und bricht sie ab, sobald sie genussreif sind.

Verwendung

Für Suppen, Polenta, Würzsoßen und Salate. Die Kolben lassen sich grillen und einfrieren.

Idealerweise lässt man sich Mais so bald wie möglich nach der Ernte schmecken, da er seine natürliche Süße und den Geschmack rasch einbüßt. Man sollte die Kolben nicht länger als ein, zwei Tage lang im Kühlschrank aufbewahren. Eingefroren halten sie etwa sechs Monate.

Einfrieren Wie Erbsen schmecken Maiskolben nach dem Einfrieren oft noch süßer. Man kann die ganzen Kolben oder nur die Körner in die Gefriertruhe stecken.

Würzsoßen Maiskörner bereichern mit ihrer natürlichen Süße und Farbe Chutneys, Relishes und andere Würzsoßen.

Maisbrot Maisbrot ist ein traditionelles amerikanisches Brot. Man kann es mit Chilis, Käse oder Kräutern aufpeppen.

Zuckermais

Artischocken

Artischocken werden nicht nur als Gourmetgemüse geschätzt, sie sind mit ihrem strukturbetonten, silbrigen Laub und den violetten Blütenständen auch optisch eine Bereicherung. Einen hohen Ertrag darf man von den großen Gewächsen aber nicht erwarten – sie stehen eher für Qualität statt Quantität.

Samen und Kindel

Artischocken können ab der Frühjahrsmitte ausgesät werden. Sie tragen im ersten und zweiten Jahr kaum. Erst ältere Pflanzen liefern reichlicher Blüten für die Ernte.

Aussaat Wässern Sie die Erde leicht und säen Sie die Samen 2 cm tief und dünn in Saatschalen. Sobald die Pflänzchen groß genug sind, setzt man sie nach draußen.

Vegetative Vermehrung Artischocken lassen sich auch durch Kindel vermehren, die sich am Ansatz der Mutterpflanze bilden und abgetrennt werden.

Kultur

Das Edelgemüse nimmt viel Platz weg und liefert vergleichsweise wenig Ertrag. Dennoch lohnt es sich, Artischocken anzubauen, denn sie schmecken vorzüglich und haben im Handel einen stolzen Preis. Sie müssen an einem geschützten, vollsonnigen Standort in nährstoffreichem, durchlässigem Boden gezogen werden.

- **WEGEN** ihres eleganten, stattlichen Wuchses kann man sie auch in Blumenrabatten statt im Gemüsebeet ziehen.
- **ARTISCHOCKEN** sind große, mehrjährige Pflanzen, die über einen langen Zeitraum viel Platz beanspruchen. Sie eignen sich daher nicht unbedingt für kleine Gärten.

Abhärten Sämlinge werden ein paar Tage lang auf der Veranda oder im Frühbeet abgehärtet.

Blüten Gärtner müssen sich entscheiden: Lässt man die auffallenden violetten, distelartigen Blüten als Zierpflanzen stehen oder erntet man sie als Gemüse?

Laufende Pflege

Sämlinge und Kindel pflanzt man im späten Frühjahr mit knapp 1 m Abstand ins Freie. Im ersten Jahr zwickt man die Blütenknospen ab, um ein kräftiges Wachstum zu fördern.

◆ **MULCHEN SIE** den Boden um die Pflanzen gut mit Komposterde und wässern Sie vor allem junge Pflanzen regelmäßig, falls der Regen einmal für längere Zeit ausbleibt.

◆ **GEERNTET** werden die Blüten, indem man sie mit der Gartenschere abschneidet, sobald sie golfballgroß sind. Wartet man zu lange, öffnen sie sich und die Herzen werden ungenießbar.

Genussreif Artischockenknospen erntet man, bevor sich ihre äußeren Schuppen zu öffnen beginnen.

Verwendung

Artischocken kann man dämpfen, kochen oder grillen und Salaten bzw. Risotto beifügen.

Artischocken werden gleich nach dem Ernten gekocht oder ein, zwei Tage im Kühlschrank aufbewahrt. Einfrieren lassen sie sich aber nicht. Man serviert sie mit Knoblauchmayonnaise, Zitrone oder Olivenöl.

Überwintern

Die Stauden liefern drei bis vier Jahre nach dem Pflanzen die besten Erträge. Sobald sie im Herbst einzuziehen beginnen, schneidet man den welkenden oberirdischen Wuchs ab, um zu verhindern, dass sich Krankheiten festsetzen.

Rückschnitt Nach dem Abernten werden die Pflanzen zurückgeschnitten und gemulcht, um Unkraut zu unterdrücken und den Vegetationspunkt zu schützen.

Teilung Nach drei bis vier Jahren kann man Artischocken teilen, indem man sie mit zwei Gabeln auseinanderhebelt. Als Ersatz lassen sich auch Kindel eintopfen.

Gemüse

Hülsenfrüchte

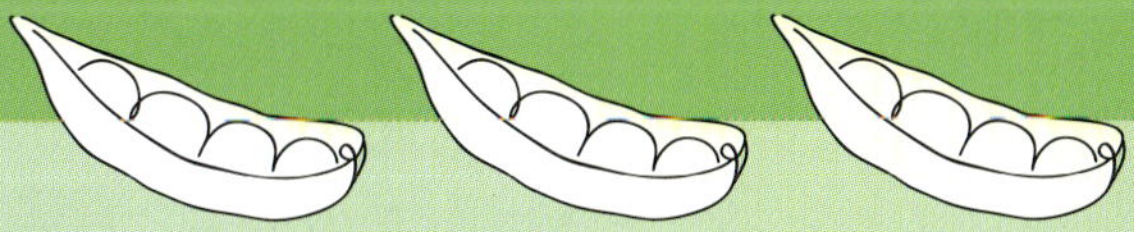

Busch- und Stangenbohnen • Stangengerüste • Dicke Bohnen • Erbsen

Busch- und Stangenbohnen

Ranken mit leuchtenden Blüten an rustikalen Stangenzelten sind in Gemüsegärten ein vertrauter Anblick. Stangenbohnen breiten sich ungehemmter aus als Buschbohnen, doch brauchen beide Kletterhilfen. Sie bringen Farbe in Beetlandschaften und verleihen einer ansonsten flachen Pflanzung Höhe.

Aussaat

Bohnen kann man drinnen oder ab Ende Mai auch draußen aussäen. Unter Glas bringt man sie früher auf den Weg, doch Freilandaussaat ist ebenso möglich und erspart das Abhärten vor dem Auspflanzen.

Drinnen Füllen Sie kleine Plastiktöpfe oder Pappkartonröhren mit Einheitserde, stechen Sie ein 5 cm tiefes Loch in das Substrat und legen Sie ein Samenkorn hinein.

Draußen Stechen Sie 5 cm tiefe Löcher in die Erde und legen Sie je zwei Samen hinein. Nach dem Keimen zupft man den schwächeren der beiden Sämlinge aus.

Kultur

'Purple Teepee'

Wenn Sie Bohnen unter Glas ausgesät haben, müssen diese im Frühsommer nach draußen umziehen. Weisen Sie ihnen einen geschützten Standort in der Sonne zu. Zuvor sollten Sie den Boden allerdings noch gründlich umgraben, jäten und reichlich organische Substanz wie gut verrotteten Stallmist oder Komposterde einarbeiten.

- **WÄSSERN SIE** Bohnen den ganzen Sommer regelmäßig, vor allem, sobald sich die ersten Blüten und Hülsen zeigen. Bei längerer Trockenheit können Blüten und Hülsen welken.
- **BOHNEN** sind mit etwa 15 cm Länge erntereif. Stangenbohnen erntet man, bevor die Hülsen anschwellen, sonst werden sie zäh und fädig.
- **ERNTEN SIE** die Pflanzen regelmäßig, ja, fast täglich ab, damit sie weitere Hülsen entwickeln. Buschbohnen kann man je nach Sorte wegen ihrer Hülsen oder reifen Bohnenkerne kultivieren.

Buschbohnen

Stützsysteme Sowohl Bambusstäbe als auch lange Zweige eignen sich als Bohnenstangen. Setzen Sie je einen Sämling neben jede Stange.

Stützen

Kletterbohnen brauchen Stützen. Meist verwendet man dafür mindestens 2 m lange Zweige oder Bambusruten. Man kann sie zu einem Stangenzelt arrangieren oder als Doppelreihe aus sich kreuzenden Stangen, die ein oben horizontal verlaufender Stab zusammenhält. Die aufrechten Stangen stehen in etwa 20–25 cm Abstand zueinander.

◆ **DIE BOHNEN** muss man anfangs oft an ihre Stützen führen. Später halten sie sich dann mit ihren windenden Trieben alleine fest. Besonders wüchsige Exemplare muss man aber auch später noch anbinden. Sobald die Triebe am Ende der Stangen angelangt sind, zwickt man ihre Spitze ab, um sie zum Austrieb neuer Sprosse und Hülsen anzuregen.

◆ **DIE STÜTZEN** stellt man am besten schon vor der Pflanzung auf, damit die Bohnen nicht verletzt werden.

Kulturtipps

Bohnen sind robust und unkompliziert. Doch Blätter von Stangenbohnen werden gern vom Wind zerrupft. Passiert dies, gießt man die Pflanzen gut, damit sie sich erholen.

Schutz Mit umgedrehten Plastikflaschen schützt man Jungpflanzen vor Schnecken und Spätfrösten.

Anbinden Aus der Reihe tanzende Triebe führt man an ihre Stütze und bindet sie fest.

Mulchen Bohnen sind für eine Lage Mulch dankbar, denn durch ihn wird die Feuchtigkeit im Wurzelraum gespeichert.

Verwendung

Für Würzsoßen, Chutneys, Aufläufe, Suppen und Salate. Bohnen können Sie auch tiefkühlen.

Bohnen lässt man sich am besten frisch schmecken, doch halten sie sich im Kühlschrank durchaus einige Tage. Buschbohnen kann man in ihren Hülsen ausreifen lassen, um sie als Dörrbohnen zu trocknen. In luftdicht verschließbaren Gefäßen lassen sie sich dann bis zu einem Jahr aufbewahren. Busch- und Stangenbohnen lassen sich auch einfrieren, sie müssen aber vorher blanchiert und dann abgetrocknet werden.

Einmachen Von Stangenbohnen sind oft Unmengen auf einmal reif für die Ernte. Man kann sie dann nicht nur einfrieren, sondern auch einmachen.

Stangenbohnen

Projekt Stangengerüst

Stangenbohnen zu kultivieren ist das reinste Kinderspiel. Ab April und Mai kann man sie unter Glas in Töpfen aussäen. Im Juni dürfen sie nach draußen, brauchen aber eine gute Stütze, schließlich sind sie Kletterpflanzen. Hier erfahren Sie, wie Sie ein traditionelles zweireihiges Stützgerüst aufstellen, das die Ernte wesentlich erleichtert.

Andere Stützen

Stangenbohnen sind eifrige Kletterer und halten sich problemlos an allem fest, was in ihrer Nähe aufragt. Wer keinen Platz für ein traditionelles Stangengerüst hat, kann sich mit einem Rankgitter oder vertikal an einer Begrenzung gespannten Drähten behelfen. Besonders dekorativ: ein Bogen aus Haselnusszweigen.

Stangenpyramiden sind ein beliebtes Stützgerüst für Bohnen. Man steckt einfach vier Stangen an den Ecken eines gedachten Quadrats in die Erde und bindet sie an ihrem Kreuzungspunkt oben zusammen.

Die Stangen stecken Sie zur Beetmitte hin leicht geneigt in die Erde, sodass sie sich oben kreuzen.

Schritt 2

Den Boden gräbt man um, bevor man die Stangen aufstellt. Dabei arbeitet man organische Substanz wie Komposterde oder Laubhumus ein. Sie verbessern die feuchtigkeitsspeichernden Eigenschaften des Bodens.

Schritt 1

MATERIAL & WERKZEUG

- Bambus- oder Haselnussruten mit je 2,5 m Länge (wie viele Stangen Sie brauchen, hängt von der Länge Ihres Beets ab), Schnur

1 Stecken Sie die erste Stange in eine Ecke des Beets. Nun wird eine zweite Stange auf den Boden gelegt. An ihr entlang steckt man alle 15–30 cm weitere Stangen leicht schräg in die Erde.

2 Die zweite Stangenreihe legen Sie mit 40–60 cm Abstand parallel zur ersten Reihe an. Je zwei sich gegenüberstehende Stangen kreuzen sich mit ihren oberen Enden.

Die waagrechte Stange fixiert die senkrechten und gewährleistet einen festen Stand des Gerüsts.

Binden Sie die Stangen fest zusammen, sodass das Gerüst stabil steht und nicht umfallen kann.

Wickeln Sie die Bohnentriebe vorsichtig um die Stange, damit sie daran hochklettern können. Bis sie sich selbst festhalten, kann man sie auch mit einer locker gewickelten Schnur fixieren.

Legen Sie das Beet so an, dass Sie von beiden Seiten gut an die Stangen gelangen. Dann können Sie zum einen die Triebe abzwicken, sobald sie die Spitze erreichen, und zum anderen die reifen Bohnen bequem abernten.

3 Wenn alle Stangen stehen, legt man eine weitere Stange oben auf die Reihe, sodass sie waagrecht in der Gabelung der Stangen liegt.

4 Binden Sie die waagrechte Stange an jedes senkrechte, gekreuzte Stangenpaar.

5 Setzen Sie je eine Bohnenpflanze in ein vorbereitetes Pflanzloch am Fuß jeder Stange, füllen Sie das Loch mit Erde und drücken Sie die Erde behutsam fest.

Dicke Bohnen

Dicke Bohnen gehören zu den frühesten Gemüsesorten der Saison. Viele Gärtner veranstalten schon fast einen Wettbewerb, wer im Frühjahr die ersten kleinen, saftigen Hülsen präsentieren kann. Schon vorher aber machen sich die Pflanzen nützlich: Ihre süß duftenden Blüten sind eine ausgezeichnete Anflugstelle für bestäubende Insekten.

Ab nach draußen Ist der Boden trocken, feuchtet man die Rille an, legt die Samen hinein und gibt Erde darauf.

Freilandaussaat

In warmen Gegenden kann man robuste Sorten wie 'Aquadulce' und 'The Sutton' schon im Herbst oder – in milden Wintern – ab Mitte Februar säen, wenn man Wert auf eine frühe Ernte legt. Sicherer ist jedoch eine Aussaat ab Mitte März.

◆ **VOR DER AUSSAAT** wird der Boden gut umgegraben und eben geharkt. Dicke Bohnen kommen besser mit nährstoffarmen Böden zurecht als andere Bohnensorten.

◆ **SÄEN SIE DICKE BOHNEN** 5 cm tief. Zwischen den Kernen reichen 20 cm Abstand, bei manchen Zwergsorten auch weniger.

Wässern Gießen Sie Jungpflanzen gut. Sie entwickeln bald eine tief reichende Pfahlwurzel, die Grundwasser anzapft.

Aussaat drinnen

In einem exponierten Garten bzw. einer eher kühlen Gegend kommt die Freilandaussaat im Februar oder sogar im Herbst nicht infrage. Wer trotzdem früh ernten will, kann Dicke Bohnen ab Januar unter Glas aussäen. In diesem Fall werden die Samen 5 cm tief in Universalerde gesät und während des Keimens regelmäßig gewässert.

Gefäße Damit die Pfahlwurzeln wachsen können, pflanzt man Dicke Bohnen in Toilettenpapierrollen.

Abhärten Härten Sie die Sämlinge vor dem Auspflanzen in Frühbeeten oder auf einer Veranda ab.

Auspflanzen Die Pflänzchen kommen mit 20 cm Abstand ins Beet. Bei Kälte deckt man sie ab.

Laufende Pflege

Wurden Dicke Bohnen unter Glas ausgesät, sind sie nach dem Auspflanzen etwas empfindlicher. Halten Sie daher immer Gartenvlies bereit, falls ein Kälteeinbruch droht. Höhere Sorten müssen gestützt werden – am besten mit Zweigen, die man zwischen die Pflänzchen in die Erde steckt. Regnet es im Frühjahr länger nicht, wässert man vor allem während der Blüte reichlich. Folgesaaten bringt man bis April im Abstand von etwa drei Wochen aus, um die Erntesaison bis in den Sommer hinein zu verlängern.

- **ETWA ZEHN WOCHEN** nach der Aussaat sind Dicke Bohnen erntereif. Ernten Sie die Pflanze von unten nach oben ab.
- **SETZT DIE PFLANZE** keine Hülsen mehr an, schneidet man sie bis zum Boden zurück. Dann zersetzen sich die Wurzeln im Boden und reichern ihn mit Stickstoff für das folgende Gemüse an.

Begleitpflanzen Pflanzen Sie die Douglas-Sumpfblume – auch Spiegeleierblume genannt – neben Dicke Bohnen. Sie lockt Schwebfliegen an, die Blattläuse fressen.

Kulturtipps

Das Abzwicken der Triebspitzen regt die Pflanzen an, früher Hülsen anzusetzen. Gleichzeitig dezimiert es Blattläuse, die sich vor allem an den Spitzen festsetzen.

Entspitzen Sobald die ersten Hülsen an der Pflanze erscheinen, kürzt man die Triebspitzen um etwa 7 cm. Die Spitzen sind essbar.

Verwendung

Für Risotto, Suppen, Eintöpfe, Beilagen oder Dips. Auch zum Einfrieren.

Dicke Bohnen sind ungemein vielseitig einsetzbar. Jung und frisch schmecken sie köstlich zart. Man kann sie ein paar Tage im Kühlschrank aufbewahren oder bis zu sechs Monate einfrieren. Ältere Hülsen bringt man in Suppen zum Einsatz, junge kocht man bissfest und kombiniert sie mit etwas Knoblauch, Butter und Kräutern zu einer Beilage.

Doppelt geschält Hat man die Bohnen enthülst, kann man zusätzlich ihre Haut abziehen. Das macht sie noch zarter.

Dip Junge gekochte Bohnen, mit Crème fraîche, Dill und Zitronensaft kombiniert, ergeben einen leckeren Dip.

Erbsen

Auch aus Nutzgärten sind die Kletterpflanzen nicht mehr wegzudenken. Beispiele sind knackig frische Erbsen, deren süßer Geschmack nicht zu toppen ist – was es für viel Geld im Supermarkt gibt, kann da nicht mithalten. Falls Platz in Ihrem Garten Mangelware ist, ziehen Sie Zwergsorten.

Gesunde Nascherei Zuckererbsen sind bei Kindern beliebt und eine gesunde Alternative zu süßen Snacks. Ernten Sie die Pflanzen regelmäßig ab, damit immer neue Hülsen reifen.

Aussaat drinnen

Unter Glas werden Erbsen ab Januar, im Freiland ab März bis Juni gesät. Wer sie besonders früh ernten möchte, sät sie bereits im Herbst unter Glas aus.

Aussaat in Töpfe Säen Sie ein paar Samen 5 cm tief in kleine Kunststofftöpfe. Als Substrat empfiehlt sich gute Qualitätserde.

Ausdünnen Die Pflänzchen müssen an einem warmen Platz stehen und gut gewässert werden. Lassen Sie nur den kräftigsten Keimling stehen.

Kultur

Erbsen brauchen einen vollsonnigen Platz. Er sollte zudem windgeschützt sein, damit bestäubende Insekten beim Anflug auf die Blüten nicht weggeblasen werden. Um reichlich zu blühen und entsprechend viele Früchte anzusetzen, brauchen Erbsen hohe Bodenfeuchtigkeit.

- **DAMIT DAS ERDREICH** viel Wasser speichert, gräbt man im Herbst eine 30 cm tiefe Furche und füllt sie mit Komposterde, Küchenabfällen und zerschnipseltem Zeitungspapier.
- **DECKEN SIE** das Ganze mit einer 5 cm dicken Schicht Erde ab und lassen Sie es bis zur Aussaat oder Bepflanzung verrotten.

Aussaat im Freiland

Es gibt Erbsen mit glatter oder runzeliger Schale. Die glatten Sorten vertragen mehr Kälte und eignen sich eher für eine frühe Aussaat, die runzeligen liefern süßere Erbsen. Um die Saison zu verlängern, sät man alle drei bis vier Wochen aus.

Aussaat Säen Sie die Samen 5 cm tief und mit 10 cm Abstand in eine 10–15 cm breite Furche.

Ausdünnen Die Pflänzchen werden gut gewässert. Stehen sie zu dicht, dünnt man sie aus.

Laufende Pflege

Erbsen sind anspruchslos und brauchen nicht recht viel mehr als eine Stütze (*siehe rechts*) und viel Wasser (*siehe unten*).

◆ **WÄSSERN SIE** die Pflanzen gut, besonders während sie blühen und die Hülsen heranreifen. Gesunde, gut gegossene Exemplare sind außerdem weniger anfällig für Mehltau.

◆ **VÖGEL** und vor allem Tauben können Pflanzen ziemlich zusetzen – vor allem die jungen Früchte schmecken ihnen. Decken Sie Erbsen daher mit einem Netz ab.

◆ **ERNTEN SIE** Erbsen in mehreren Durchgängen ab und säen Sie regelmäßig Folgesaaten, damit Sie den ganzen Sommer über lückenlos versorgt sind.

Verwendung

Für Suppen, Pfannengerichte, Salate oder als Beilage. Einfrierbar.

Erbsen halten sich einige Tage lang im Kühlschrank. Zuckererbsen sind eine Variante mit flacher Hülse, die man samt Hülse isst. Man kann das knackige, süße Gemüse roh in Salate mischen, kochen, dämpfen oder in Pfannengerichten verwenden.

Suppe Frische Erbsen sind, mit Minze und einem Schuss Sahne oder Crème fraîche kombiniert, eine Bereicherung für Suppen.

Einfrieren Erbsen gehören zu den wenigen Gemüsesorten, die nach dem Einfrieren fast noch besser schmecken. Wenn man sie frisch geerntet in die Kühltruhe steckt, bewahren sie ihre Süße.

Stützen

Erbsen brauchen Stützen wie Stäbe, Netze oder Maschendrahtzaun, um sich festhalten zu können – lediglich Zwergsorten kommen ohne aus.

Zweige Sie sind die beste Stütze für Erbsen. Sobald die Pflänzchen knapp 10 cm hoch sind, steckt man dünne Zweige neben sie in die Erde.

Einflechten Falls einzelne Triebe ausscheren und von ihrer Stütze wegwachsen, flicht man sie einfach wieder an die Zweige.

Gemüse

Zwiebeln und Wurzeln

Kartoffeln • Karotten • Süß-kartoffeln • Speisezwiebeln • Knoblauch • Frühlingszwiebeln • Knollenfenchel und Kohlrabi • Knollensellerie und Pastinaken • Steck- und Speiserüben • Rote Bete • Rettiche • Topinambur

Kartoffeln

Man unterteilt Kartoffeln nach ihrer Reifezeit in frühe, mittelfrühe, mittelspäte und späte Sorten. Sie alle anzubauen lohnt sich, wo aber der Platz knapp ist, sollte man am ehesten noch auf die mittelspäten und späten Haupterntesorten verzichten, die am meisten Platz brauchen, und sich auf besonders schmackhafte Züchtungen beschränken.

Kultur

Frühe und mittelfrühe Kartoffeln werden je nach Klima ab März und April, mittelspäte und späte ab Juni gesetzt. Dazu gräbt man eine 20 cm tiefe Furche und legt die Saatkartoffeln in einer Reihe hinein. Frühe Sorten brauchen 50 cm, späte 70 cm Abstand.

◆ **SAATKARTOFFELN** werden mit den »Augen« nach oben in die Furche gelegt. Mischen Sie den Aushub mit gut verrottetem Stallmist oder Humus und füllen Sie ihn wieder in die Furche.

◆ **KARTOFFELN** brauchen viel Sonne und schweres, nährstoffreiches Erdreich. Verdichtete Böden werden durch sie gelockert.

◆ **PFLANZEN SIE** nur garantiert virenfreie Saatkartoffeln. Verwenden Sie keine Knollen, die noch vom letzten Jahr in der Erde geblieben sind, sie können Krankheitsherde sein.

Pflanzsäcke Ist Platz Mangelware, kann man Kartoffeln auch in großen Säcken kultivieren. Geerntet wird, indem man sie leert oder vorsichtig ausgräbt.

Vorkeimen

Durch Vorkeimen verhelfen Sie Ihren Kartoffeln zu einem Frühstart in die Saison. Besonders nützlich ist die Methode, wenn man Frühkartoffeln in kalte, nasse Böden pflanzen möchte.

Blitzstart Legen Sie Kartoffeln mit dem Knospenende nach oben in Eierschachteln und stellen Sie sie an einen hellen, kühlen, frostfreien Platz, bis sie keimen.

Auspflanzen Sobald die Triebe etwa 3 cm lang sind, werden die Kartoffeln draußen in Löcher oder Furchen gepflanzt.

Schutz Früh austreibende Kartoffeln sind anfällig für Spätfröste. Bei Bedarf deckt man die Pflänzchen mit Vlies ab.

Anhäufeln

Mit zunehmendem Wachstum müssen Kartoffeln angehäufelt werden. Dazu deckt man die Basis der Stauden mit Erde ab. Das schützt vor Frost, verhindert, dass die Knollen grün werden, und erhöht den Ertrag.

Anhäufeln Schieben Sie mit einem Spaten oder Rechen Erde über den Ansatz der Pflanzen. Das Laub darf dabei aber nicht zugedeckt werden.

Laufende Pflege

Einmal in der Erde, brauchen Kartoffeln wenig Pflege. Um Jungpflanzen herum sollte man aber gelegentlich jäten, damit keine Wasser- und Nährstoffkonkurrenz entsteht. Ältere Stauden bilden einen dichten Laubbusch, der Unkräuter unterdrückt.

- **WÄSSERN SIE** Kartoffeln gut, vor allem bei Trockenheit, da die Knollen sonst klein bleiben und sich der Ertrag reduziert.
- **DÜNGEN SIE** regelmäßig mit einem Volldüngergranulat.
- **ÜBERPRÜFEN SIE** die Knollen gelegentlich, indem Sie das Erdreich wegkratzen, um zu sehen, ob sie bereits erntereif sind. Wenn nicht, werden die Kartoffeln wieder zugedeckt.
- **GANZ FRÜH** kann man Kartoffeln in mit Erde gefüllten Gummireifen ziehen. Diese schützen vor Spätfrösten.

Ernte Kurz nach der Kartoffelblüte sind die Knollen bereits erntereif. Heben Sie sie mit einer Grabgabel heraus, ohne sie zu verletzen.

Verwendung

Für Kartoffelbrei, Aufläufe oder Gratins. Zum Kochen, Braten, Backen oder Rösten.

Kartoffeln sind eines der beliebtesten und vielseitigsten Gemüse. Neue Züchtungen wie 'Wilja' oder 'Nicola' eignen sich besonders für Salate, Hauptserntesorten wie 'Laura' für Püree, 'King Edward' zum Backen und Braten, 'Arran Victory' zum Rösten.

Lagerung
Lagern Sie Kartoffeln an einem kühlen, dunklen Platz. Dort halten sie sich mindestens zwei bis drei Monate.

Karotten

Die süßen, knackigen Möhren sind vor allem bei Kindern beliebt und können bei guter Lagerung das ganze Jahr genossen werden. Hat man einen steinigen oder schweren Boden im Garten, zieht man sie im Hochbeet. Besonderer Gesprächsstoff bei Tisch sind violette Sorten – so sahen Karotten bis zum 17. Jahrhundert aus.

Aussaat

Oft keimen Samen nicht, weil sie schon zu alt sind – sehen Sie sich daher das Verfallsdatum auf der Verpackung an. Karotten sollte man im Frühjahr direkt ins Freiland säen.

Aussaat Ziehen Sie eine 2 cm tiefe Rille und säen Sie die Samen dünn hinein. Eine Abdeckung schützt sie vor Spätfrösten.

Ausdünnen Nach dem Keimen dünnt man die Sämlinge aus. Auf den Samenpäckchen sind die Abstände angegeben.

Kultur

Die Auswahl an Karottensorten ist riesig, eines haben sie jedoch gemeinsam: Sie brauchen leichte, durchlässige Böden und viel Sonne. Hat man nur schweres, steiniges Erdreich, kultiviert man sie im Hochbeet oder pflanzt kurze bzw. runde Sorten wie 'Parmex', die mit solchen Böden besser zurechtkommen.

◆ **GRABEN SIE** die Beete um, entfernen Sie große Steine sowie Unkraut und verbessern Sie den Boden mit organischer Substanz, nicht jedoch mit frischem Stallmist – er lässt die Wurzeln platzen.

◆ **IM FRÜHJAHR** sät man alle zwei bis drei Wochen einen Posten aus. Die Samen keimen nur langsam, man braucht also etwas Geduld.

Wässern Sämlinge müssen bei ausbleibendem Regen gut gewässert werden.

alte Sorten

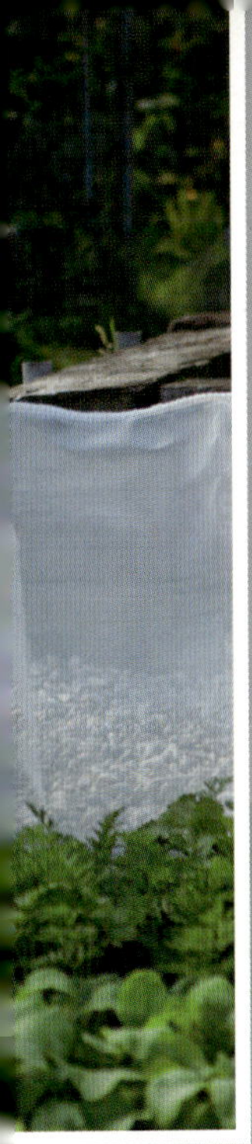

Möhrenfliege In kürzester Zeit kann dieser Schädling eine ganze Ernte vernichten. Zum Schutz stellt man einen 60 cm hohen Netzzaun auf, den das bodennah fliegende Insekt nicht überwinden kann.

kurz und rund

lang, mit stumpfem Ende

Laufende Pflege

Wer Karotten früh sät, sollte sie mit Gartenvlies abdecken, um die Keimung zu beschleunigen und gleichzeitig die Sämlinge zu schützen. An milden Tagen wird es abgenommen, damit viel Licht zu den Pflänzchen gelangt. Bei Trockenheit hält man das Karottenbeet feucht und jätet es regelmäßig, ohne die Wurzeln zu verletzen.

◆ **DIE MÖHRENFLIEGE** (*siehe S. 232*) ist der häufigste Schädling: Ihre Larven fressen sich in die Wurzeln und machen sie ungenießbar. Durch Ausdünnen, Ernten und Jäten intensiviert man den Duft der Pflanzen, was das Insekt auf den Plan ruft. Deshalb erledigt man diese Arbeiten besser abends.

◆ **KOMMT** die Möhrenfliege in Ihrer Umgebung vor, sollten Sie unempfindliche Sorten wie 'Flyaway' anpflanzen.

Ernte Ernten Sie Karotten, sobald sie groß genug sind. Frühe Sorten sollte man genießen, solange sie jung, zart und saftig sind.

Verwendung

Für Suppen, Aufläufe und Pfannengerichte, gekocht oder gebraten.

Karotten halten sich einige Tage im Kühlschrank. Blanchiert lassen sie sich bis zu neun Monate einfrieren.

In Sand schlagen In Kisten mit leicht feuchtem Sand bleiben Karotten wochenlang frisch.

lang und spitz

Süßkartoffeln

Süßkartoffeln sind eine vorzügliche Alternative zum bescheidenen »Erdapfel«. Das exotische Gemüse stammt zwar aus wärmeren Klimazonen, doch hat man in letzter Zeit Züchtungen entwickelt, die sich für den Anbau in unseren Breiten eignen. Geben Sie der reich mit Vitaminen und Antioxidantien gesegneten Luxusknolle eine Chance – es lohnt sich!

Wässern Süßkartoffeln müssen regelmäßig gegossen werden – in trockenen Phasen sogar täglich. Um weniger oft gießen zu müssen, steckt man halbierte Plastikflaschen in den Boden und füllt sie mit Wasser.

Kultur

Süßkartoffeln brauchen mindestens 21 °C, um zu reifen. Die schmackhaften Knollen werden bei uns daher meist in Folientunneln oder Gewächshäusern angebaut. In milden Gegenden reifen sie auch im Freiland, werden dort aber in der Regel in mit Schlitzfolie bespannte Beete gepflanzt, damit die nötige Bodentemperatur erreicht wird.

◆ **IM VERSANDHANDEL** bestellte Süßkartoffeln werden als Setzlinge oder bewurzelte Stecklinge geliefert. Sofort nach der Ankunft legt man sie drinnen in einen Eimer Wasser und setzt sie am Tag darauf in Einzeltöpfe mit Einheitserde. Nach drei Wochen im Haus pflanzt man sie aus.

◆ **SÜSSKARTOFFELN** sind wüchsig und reifen zu großen, kriechenden Pflanzen heran, brauchen also viel Platz. Man setzt sie mit 30 cm Abstand in Reihen, zwischen denen man wiederum 70–80 cm Platz lässt.

◆ **IDEAL SIND** geschützte Standorte und nährstoffreiche, warme, durchlässige Böden. Graben Sie die Beete vor dem Bepflanzen um und arbeiten Sie gut verrottete organische Substanz ein.

Schnitt

Süßkartoffeln sind wüchsige, kriechende Pflanzen, denen man Einhalt gebieten muss, damit sie ihre Energie nicht nur in das Größenwachstum stecken. Im Gewächshaus kann man ihre Triebe an Stützen hochziehen, damit sie wenig Platz am Boden wegnehmen. Schneidet man die neuen Triebe zurück (*siehe rechts*), kann man die Blätter nutzen und sie wie Spinat zubereiten.

Seitentriebe Schneiden Sie neue Triebe regelmäßig ab, um die Pflanze zur Bildung von Seitentrieben anzuregen.

Verwendung

Für Suppen, Currys, Risotto, Kartoffelbrei, Bratkartoffeln. Geröstet oder sautiert. Kann eingefroren werden.

Süßkartoffeln sind kurz nach der Ernte weder sehr süß noch besonders saftig. Man lässt sie vor dem Verzehr daher erst noch eine Woche an einem warmen Platz liegen. Anschließend kann man sie auch bis zu einem Monat kühl und dunkel lagern. Sollen sie eingefroren werden, muss man sie vorher kochen. Tiefgekühlt halten sie etwa ein Jahr.

Tortilla Mit Frühlingszwiebeln und roten Chilis ergibt diese Tortilla ein leichtes Mittagsgericht oder, mit frischem grünem Salat kombiniert, ein leckeres Abendessen.

Backen Süßkartoffeln lassen sich wie unsere Kartoffel im Ofen backen und mit allerlei Füllungen aufpeppen.

Pommes frites, mal anders In Öl und Sojasauce geschwenkt oder mit getrockneten Chiliflocken bestreut, sind diese Schnitze ausgezeichnete Begleiter zu selbst gemachten Burgern oder Hühnerfleischgerichten. Man serviert sie mit Sauerrahm.

Laufende Pflege

Düngen Sie Süßkartoffeln alle paar Wochen mit Volldünger.

◆ **BEI TROCKENHEIT** muss man Süßkartoffeln regelmäßig gießen (*siehe gegenüber*), vor allem bei der Unterglaskultur. An warmen Tagen sollten Sie das Gewächshaus oder den Folientunnel gut lüften.

◆ **WENN DAS LAUB** braun und welk wird, sind die Knollen erntereif. Damit ist etwa drei Monate nach dem Auspflanzen zu rechnen. Man gräbt die Knollen aus, ohne sie zu verletzen. Hat man noch keine Verwendung für sie, kann man sie auch noch eine Weile im Boden lassen. Vor dem ersten Frost müssen sie aber auf jeden Fall aus der Erde.

Ernte Die Knollen reifen wie normale Kartoffeln in der Erde heran und werden auch genauso geerntet. Es gibt Sorten in den unterschiedlichsten Farben, einschließlich Orange und Violett. Sie sorgen also auch optisch für Abwechslung auf dem Teller!

‘Boniato’

Speisezwiebeln

Wer gern kocht, muss der bescheidenen Küchenzwiebel einen Stammplatz in seinem Garten einräumen, denn kaum ein Gericht kommt ohne sie aus. Die Schalotte, eine kleinere, mildere Variante, gilt als Zwiebel für Feinschmecker.

Bündelweise Statt Zwiebelpflanzen auszudünnen, kann man sie auch in Bündeln wachsen lassen und dann viele kleine Zwiebelchen ernten.

Aussaat unter Glas

Man muss zwar bei einer Vermehrung durch Aussaat länger warten als bei Steckzwiebeln, kommt dafür aber billiger weg. Zudem ist bei Samen die Auswahl größer. Unter Glas wird von Januar bis März ausgesät.

Aussaat Füllen Sie Multitöpfe oder kleine Einzeltöpfe aus Plastik mit Saaterde und legen Sie pro Modul bzw. Topf mehrere Samen 1 cm tief in die Erde.

Pikieren Sobald die Sämlinge etwa 5–10 cm hoch sind, werden sie vereinzelt. Lassen Sie immer nur das kräftigste Pflänzchen pro Topf bzw. Modul stehen.

Kultur

Zwiebeln gehören zu den anspruchslosesten Gemüsearten im Garten. Man kann sie entweder drinnen (*siehe links*) oder direkt ins Freiland säen. Meist aber zieht man sie aus Steckzwiebeln (*siehe unten*). Zwiebeln brauchen einen geschützten, vollsonnigen Platz in durchlässiger Erde. Sie bevorzugen leichte Böden, denn in schwerem, nassem Erdreich faulen sie leicht.

- **IST DER BODEN** ungeeignet, zieht man sie in Hochbeeten.
- **SCHALOTTEN** treiben sehr spät aus, weshalb man sie am besten als Steckzwiebeln pflanzt. Man setzt sie im Frühjahr oder Herbst mit 15 cm Abstand in Reihen, zwischen denen 30 cm Platz bleibt.

Steckzwiebeln

Am einfachsten lassen sich Zwiebeln aus Steckzwiebeln kultivieren. Diese Minizwiebeln werden für gewöhnlich im Frühjahr gepflanzt, doch überwinternde Sorten und Japanische Lauchzwiebeln kann man auch schon im Herbst in die Erde bringen.

Abstände Steckzwiebeln brauchen 5–10 cm Abstand. Die Reihen sollten 30 cm auseinanderliegen.

Festdrücken Drücken Sie die Steckzwiebeln fest in den Boden, sodass nur noch die Spitze aus der Erde ragt.

weiße Zwiebel

rote Zwiebel

braune Zwiebel

Laufende Pflege

Zwiebeln sind wenig anfällig für Krankheiten und Schädlinge. Man wässert sie bei trockener Witterung gut, gießt aber nicht zu viel, da sie faulen, wenn sie zu lange in zu nasser Erde stecken. Sobald sie reifen, wässert man überhaupt nicht mehr, sonst trocknen sie nach der Ernte nicht.

◆ **SORGFÄLTIGES JÄTEN** zwischen den Pflanzen verhindert Nährstoffkonkurrenz. Mit einer kurzen Zwiebelhacke kommt man an Unkraut in den Lücken, ohne die Zwiebeln zu verletzen.

◆ **IM HERBST** gesäte oder gepflanzte Zwiebeln sollten bis Hochsommer erntereif sein. Alle anderen holt man je nach Aussaat- bzw. Pflanzzeitpunkt zwischen Sommer und Herbst aus der Erde.

◆ **ZWIEBELN** müssen eine Weile in der Sonne trocknen, bevor man sie drinnen einlagert. Bei schönem Wetter lässt man sie einfach ein, zwei Tage auf der Beetoberfläche liegen.

Ernte

Sobald die Blätter vertrocknen, kommen die Zwiebeln aus der Erde. Knickt man das Laub vorher um, werden sie größer.

Zwiebeln Reife Küchenzwiebeln sollten eine trockene, brüchige äußere Schale haben, bevor man sie erntet und lagert.

Schalotten Reife Schalotten bilden Bündel aus kleinen Zwiebeln, die man teilt und einzeln in der Küche einsetzt.

Verwendung

Für Soßen, Eintöpfe, Aufläufe, Zwiebelkuchen, Zwiebelsuppe. Zwiebeln können eingelegt oder zu Zöpfen gebunden werden.

Werden Zwiebeln gut getrocknet, lassen sie sich lange lagern. In der Küche aufgehängt halten sie bis zu einem Jahr. Rote Zwiebeln eignen sich für Salate, ihre kräftigeren braunen Vettern verwendet man dagegen eher zum Kochen. Schalotten sind ideal für Risotto oder als Beilage.

Sauer eingelegt Zwiebeln in Essig mit Gewürzen halten sich ein Jahr im Glas.

Gebunden Zwiebeln lassen sich an ihren trockenen Stielen zusammenflechten und griffbereit aufhängen.

'Longor'

'Biztro'

'Jermor'

'Delvad'

Knoblauch

Lassen Sie in Ihrem Garten immer Platz für dieses Gemüse. Wenngleich man nach dem Genuss der Zehen etwas streng riecht, so bereichert Knoblauch doch Gerichte durch sein unvergleichliches Aroma und seinen Geschmack. Gesund ist er obendrein.

Blüten Die meisten werden abgeschnitten, einige kann man an der Pflanze trocknen lassen.

Kauf

Kaufen Sie nur virusfreies Material und pflanzen Sie Sorten, die die Bedingungen in Ihrem Garten vertragen. Knollen aus dem Supermarkt sind importiert und für unser Klima ungeeignet.

Gesunde Zwiebeln Dünne, vertrocknete und kleine Zehen sind ungeeignet: Aus ihnen wachsen keine großen Knollen.

Kultur

Knoblauch braucht ein warmes, geschütztes, sonniges Plätzchen in durchlässigem Boden. In milden Gegenden kann man ihn im Herbst pflanzen, damit die leeren Beete den Winter über nicht ungenutzt bleiben. Ansonsten setzt man ihn im Frühjahr. In kühlen Sommern ist mit kleineren Zwiebeln zu rechnen.

- **GEPFLANZT WIRD** Knoblauch, indem man die einzelnen Zehen so in die Erde drückt, dass nur die Spitze herausschaut.
- **WILL MAN** die Entwicklung etwas beschleunigen, kann man Knoblauch in kleinen Töpfen unter Glas vortreiben und ins Freiland umsetzen, sobald er gut wächst. Die Zehen kommen in 15 cm Abstand in die Erde. Wässern und jäten Sie gut.
- **AUS DEN ZEHEN** reifen im Normalfall ordentliche Zwiebeln, wobei im Herbst gepflanzte Exemplare bis zum Frühsommer, im Frühjahr gesetzte ab dem Hochsommer erntereif sind.

Verwendung

Für Soßen, Aufläufe oder Risotto. Kann gekocht oder langsam geröstet werden.

Knoblauch kann man getrocknet an einem kühlen, trockenen Ort neun Monate lang lagern. Er verfeinert Zwiebel- und Tomatensoßen sowie Kartoffelecken. Probieren Sie eine mit Brotkrumen oder Kartoffeln, Olivenöl und Zitronensaft zubereitete Knoblauchsoße zu Fisch und Hähnchengerichten.

Knoblauchzwiebel

Frühlingszwiebeln

Ein schnell verfügbares, unkompliziertes Gemüse, das wenig Platz braucht und sogar auf der Terrasse gezogen werden kann. Frühlingszwiebeln geben Sommersalaten und asiatischen Gerichten einen frischen, milden Zwiebelgeschmack.

Kultur

Frühlingszwiebeln bevorzugen durchlässige Böden und viel Sonne. Man zieht sie meist aus Samen im Freiland. Möchte man eine frühe Ernte genießen, bringt man sie unter Glas auf den Weg und pflanzt sie drei Wochen später nach draußen.

- **SÄEN SIE** Frühlingszwiebeln mit 1 cm Abstand zwischen den einzelnen Samen direkt in 2 cm tiefe Rillen, zwischen denen man 30 cm Raum lässt. Sie wachsen sehr schnell heran – im Sommer sind sie mitunter schon fünf Wochen nach der Aussaat erntereif.
- **GEERNTET WIRD,** sobald die Stängel etwa 1 cm dick und 15 cm hoch sind. Man holt sie aus dem Erdreich, indem man sie mit einer Handgabel lockert, ohne ihre Nachbarn zu stören.
- **UM SUKZESSIVE** zu ernten, wird in mehreren Tranchen gesät.

Verwendung

Für Salate, Pfannengerichte, asiatische Speisen, Soßen oder Gemüse.

Frühlingszwiebeln sind nicht besonders lagerfähig. Ernten Sie sie nur, wenn Sie sie gleich danach verbrauchen. Man kann sie ein paar Tage im Kühlschrank lassen, doch zum Einfrieren eignen sie sich nicht. Besonders gut machen sie sich gehackt in Salaten. Ihr Geschmack ist delikater als der von Speisezwiebeln.

Pflege

Frühlingszwiebeln sind wenig anfällig für Krankheiten oder Schädlinge und lassen sich einfach kultivieren. Damit im Sommer eine konstante Versorgung gewährleistet ist, sät man sie alle zwei Wochen aus. Man kann sie bis zum Herbst unter Glas ziehen. Kulturen auf Fensterbänken oder im Gewächshaus liefern sogar den Winter über frisches Grün.

Ausdünnen Sobald die Pflänzchen knapp 10 cm hoch sind, entfernt man jedes zweite Exemplar in der Reihe.

Jäten Unkraut muss man regelmäßig entfernen, damit es den Pflanzen nicht wertvolle Nährstoffe wegnimmt.

Wässern Regelmäßiges Wässern und Düngen mit einem Flüssigvolldünger hält die Kulturen gesund.

Frühlingszwiebeln

Projekt Trockengestell für Zwiebeln & Knoblauch

Frisch geerntete Zwiebeln und Knoblauch müssen in der Sonne und an der frischen Luft trocknen, bevor man sie einlagert, dann halten sie länger. Auf einem solchen Gestell kann Luft um die Zwiebeln zirkulieren und die trocknende Erde fällt von der Schale ab.

MATERIAL & WERKZEUG

- Holz, Schraubenzieher, Maschendrahtzaun, Winkeleisen, Hammer, Heftklammern

Schritt 3

Der Maschendraht wird zunächst an einer Seite mit Heftklammern befestigt. Dann zieht man ihn straff und befestigt das andere Ende auf der gegenüberliegenden Seite. Zum Schluss noch die beiden Seiten fixieren.

Schritt 2

Eine Werkbank, Zwingen und ein Akkuschrauber erleichtern die Arbeit sehr. Ein alter Tisch tut es jedoch auch.

Schritt 1

Verzinkte Winkeleisen machen das Zusammenbauen des Rahmens zum Kinderspiel. Sie werden an jeder Ecke mit Senkschrauben fixiert.

1 Bauen Sie zunächst den Rahmen, indem Sie die vier Latten mit Winkeleisen zu einem Rechteck verbinden.

2 Schrauben Sie nun seitlich und vorn die Seitenbretter an den Rahmen. Sie stabilisieren den Rahmen und verhindern, dass die Zwiebeln herabfallen. Die hintere Seite wird an einem Zaun befestigt.

3 Legen Sie Maschendrahtzaun oben auf den Rahmen und befestigen Sie ihn mit Heftklammern.

4 Drücken Sie den Rahmen mit der hinteren, offenen Seite gegen das Zaunbrett. Schrauben Sie ein Ende an einen Pfosten und das andere an das Zaunbrett.

Schritt 4

Mit einer Holzstrebe hält man den Rahmen auf der richtigen Höhe, während er am Zaun befestigt wird. Sie kann entfernt werden, sobald die Stützpfosten stehen.

Kein Zaun?

Hat man keinen Zaun, stützt man das Gestell eben mit vier statt zwei Beinen. Befestigen Sie dazu eine diagonale Strebe zwischen jedem Beinpaar, damit die Konstruktion stabil steht.

Schritt 5

Bevor man die Pfosten in den Boden hämmert, gräbt man ein kleines Loch vor. Das erleichtert das Einschlagen.

Legen Sie immer nur eine Schicht Zwiebeln oder Knoblauch auf das Gestell, damit genug Luft zirkulieren kann. Hin und wieder dreht man sie außerdem, damit sie schneller trocknen.

5 Schlagen Sie an beiden vorderen Ecken einen Stützpfosten in die Erde. Nun nur noch den Rahmen waagrecht ausrichten und an die Pfosten schrauben.

Knollenfenchel und Kohlrabi

Knollenfenchel ist ein nicht allzu verbreitetes Gemüse, dessen verdickte Sprosse leicht zu ziehen sind. Sie schmecken etwas nach Anis und kommen häufig in Pfannengerichten zum Einsatz. Kohlrabi gehört zu den Kohlgewächsen und zeichnet sich durch einen milden, kohlartigen Geschmack aus. Beide können jung oder stärker ausgereift geerntet werden.

Timing Ist es zu kalt, können Kohlrabi und vor allem Knollenfenchel schossen. Deshalb sollte man nicht zu früh aussäen, sondern auf milde Temperaturen warten.

Aussaat

◆ **BEI DER AUSSAAT UNTER GLAS** sät man im Frühjahr je zwei bis drei Samen in einen kleinen Topf. Sobald die Sämlinge etwa 5 cm hoch sind, dünnt man sie aus und lässt nur den kräftigsten stehen. Im späten Frühjahr siedelt man sie ins Freiland um. Dabei lässt man 25 cm Abstand zwischen Kohlrabi und 30 cm zwischen Knollenfenchel. Vor dem Auspflanzen sollte man die Sämlinge aber noch ein paar Tage abhärten, indem man sie nach draußen stellt und nachts ins Haus zurückbringt.

◆ **DIE DIREKTAUSSAAT** ins Freiland erfolgt bei Kohlrabi im zeitigen und bei Knollenfenchel im späten Frühjahr in 2 cm tiefe Saatrillen. Ausgesät wird in kleinen Gruppen mit 25 cm Abstand zwischen Kohlrabi und 30 cm zwischen Knollenfenchel. Nach dem Austrieb lässt man nur den kräftigsten Sämling pro Gruppe stehen.

Tipps

Knollen- oder Gemüsefenchel ist nicht zu verwechseln mit dem aromatischen Gewürzfenchel. Beide sind Varietäten der gleichen Art. Knollenfenchel wächst in nährstoffreichen, durchlässigen Böden rasch zu einer stattlichen Pflanze heran. Halten Sie den Boden frei von Unkraut. Es konkurriert mit ihm um Nährstoffe und Wasser und kann die Sämlinge überwuchern.

Wässern Wässern Sie Knollenfenchel im Sommer regelmäßig und versorgen Sie ihn über einen Flüssigdünger mit Nährstoffen.

Anhäufeln Wenn man im Sommer Erde um die Knollen anhäufelt, bleiben die Triebe weiß und schmecken süßer.

Ernten Man erntet die Knollen, indem man sie entweder am Ansatz abschneidet oder als Ganzes aufnimmt und später putzt.

Ernte

Kohlrabi braucht ungefähr zehn Wochen bis zur Reife; seine verdickten Sprossknollen sollte man nicht größer werden lassen als einen Tennisball. Sie werden bei der Ernte mit einem scharfen Messer am Ansatz unter der Knolle abgeschnitten. Knollenfenchel kann man jung mit 4–5 cm oder ausgewachsen mit 15 cm Durchmesser ernten.

- **BEI DER ERNTE** im Frühsommer lässt man die Stümpfe des Knollenfenchels im Boden und wässert sie gut. Sie treiben oftmals wieder aus und liefern bis zum Saisonende weitere Miniknollen.
- **NACH DER ERNTE** von Kohlrabi zieht man dessen Wurzeln aus dem Boden und bereitet das Beet für ein anderes Gemüse vor.

Verwendung

Knollenfenchel: für Gratins, Salate und Suppen. Kohlrabi: für Eintöpfe, Suppen, Salate und Pfannengerichte.

Sowohl Knollenfenchel als auch Kohlrabi können Sie ein paar Tage im Kühlschrank aufwahren. Gehackt und blanchiert lassen sie sich bis zu sechs Monate einfrieren. Knollenfenchel passt zu Käse oder Fisch und schmeckt auch roh. Gedämpft serviert man ihn gern als Beilage. Seine Blätter sind ebenfalls in der Küche verwertbar.

Tipps

Als Mitglied der Kohlfamilie bevorzugt Kohlrabi schwere, nährstoffreiche Böden, in die reichlich organische Substanz eingearbeitet wurde. Er kommt aber auch mit kargeren Bedingungen zurecht als viele andere Kohlgewächse.

Abdecken Halten Sie Schädlinge wie den Kohlweißling und Tauben fern, die die Ernte rasch zerstören können.

Jäten Unkräuter konkurrieren um Nährstoffe. Man jätet sie von Hand, ohne die Knollen zu verletzen.

Ernten Man erntet die Knollen, sobald sie reif sind. Lässt man sie zu lange stehen, werden sie hart und ungenießbar.

Knollensellerie & Pastinaken

Die beiden Wintergemüse versorgen Sie gerade in einer Zeit, in der vom Nutzgarten ansonsten wenig zu erwarten ist. Knollensellerie hat einen milden, nussigen Geschmack. Einer seiner größten Vorzüge ist seine Haltbarkeit. Wenn Pastinaken vor der Ernte Frost abbekommen, schadet das nicht. Im Gegenteil: Sie schmecken dann süßer und besser.

Aussaat

Knollensellerie braucht eine lange Anbausaison, um voll auszureifen. Deshalb sollte man die Samen schon ab Februar unter Glas säen.

Auspflanzen Sobald die Sämlinge eine gewisse Größe haben, werden sie abgehärtet, an ihren endgültigen Standort umgesiedelt und gut gewässert.

Wässern Lassen Sie den Boden nicht austrocknen. Knollensellerie gedeiht in sehr feuchten Böden am besten.

Kultur

◆ **KNOLLENSELLERIE** wird oft als Wurzelgemüse angesehen, dabei besteht die Knolle aus der Wurzel und der verdickten Sprossachse. Man sät das Gemüse ab Februar unter Glas in kleine Töpfe und pflanzt es ab Mai oder Juni ins Freiland. Die Sämlinge setzt man in 30 cm Abstand so in die Erde, dass der Knollenansatz etwas herausragt. Das Gemüse kommt mit Sonne wie lichtem Schatten zurecht, braucht aber nährstoffreiche Böden.

◆ **PASTINAKEN** benötigen sonnige, offene Standorte und tief umgegrabene Böden, damit ihre Pfahlwurzeln genug Platz haben. Ist das nicht gewährleistet, zieht man sie im Hochbeet, wo man ihnen ein tiefgründiges, stark durchlässiges, steinloses Substrat bieten kann. Man kann sie direkt ins Freiland in flache Rillen säen. Gleich nach dem Austrieb dünnt man die Sämlinge je nach gewünschter Größe der Wurzeln auf 10–20 cm aus.

Knollensellerie Entfernen Sie Seitentriebe, da sie mit der Hauptpflanze um Nährstoffe konkurrieren.

Kulturtipps

Pastinaken und Knollensellerie sind anfällig für die Möhrenfliege, die sich in die Wurzeln frisst. In Gärten, in denen sich der Schädling festgesetzt hat, errichtet man eine Netzbarriere um die Pflanzungen, die das niedrig fliegende Insekt nicht überwinden kann. Pastinakenkrebs ist eine Pilzkrankheit, die Wucherungen verursacht. Infizierte Exemplare entfernt man.

Sämlinge Geduld: Pastinaken lassen sich mit dem Keimen Zeit. Dünnen Sie die Sämlinge gleich nach dem Keimen aus.

Wässern Gießen Sie vor allem die jungen Pflanzen gut, denn sie welken sehr schnell und gehen im Nu ein.

Möhrenfliege Mit einem feinmaschigen Netz hält man diesen Schädling von Knollensellerie- und Pastinakenkulturen fern.

Laufende Pflege

Knollensellerie mag es feucht und profitiert daher von einer dicken Mulchschicht, die man im Sommer um ihn herumstreut. Allerdings müssen die Pflanzen selbst frei bleiben. Wichtig ist auch regelmäßiges Jäten von Hand, Wässern und eine gelegentliche Gabe Flüssigdünger.

- **FALLS MAN** den Platz nicht gleich für etwas anderes braucht, sollte man Pastinaken und Knollensellerie nur bei Bedarf ernten, denn sie halten sich im Boden am besten. Erntereif sind sie ab Herbst.
- **MAN ERNTET** diese Gemüse, indem man eine Grabgabel neben sie in die Erde sticht und die Knollen bzw. Wurzeln vorsichtig heraushebelt. Gerade bei Pastinaken ist Vorsicht angebracht – sie brechen leicht, vor allem in schweren Böden.

Verwendung

Für Eintöpfe, Püree oder als Chips.

Knollensellerie und Pastinaken halten sich ein paar Tage im Kühlschrank. Doch am besten holt man sie erst dann aus der Erde, wenn man sie braucht. Beide verwendet man oft in Suppen und als Püree.

Pastinakenchips Eine gesunde Knabberei, die man zu Getränken reichen und gut selbst herstellen kann. Dünn schneiden, braten, auf Küchenpapier trocknen und mit Salz würzen.

In Sand einschlagen Das Kraut abschneiden, Wurzeln mit feuchtem Sand bedecken und an einem kühlen Ort, z. B. einem Schuppen oder einer Garage, bis zu sechs Monate lagern.

Steck- & Speiserüben

Speiserüben gehören zu den vielseitigsten Gemüsesorten in der Küche. Man zieht sie nicht nur wegen ihrer köstlichen Rüben, sondern auch wegen ihres Laubs, das sich wie Pflücksalat nutzen lässt. Die süßen Steckrüben sind das ideale Gemüse für Bratengerichte im Winter, wenn der Garten ansonsten wenig hergibt.

Steckrüben

Vor der Aussaat bereitet man den Boden durch Einarbeiten von organischer Substanz vor. Große Steine werden entfernt, da sie dazu führen können, dass sich die Wurzeln gabeln. Harken Sie die Oberfläche eben.

Ausdünnen Um Rüben in voller Größe ernten zu können, sollte man die Sämlinge ausdünnen. Dabei lässt man immer nur die kräftigsten Pflänzchen stehen.

Schutz Decken Sie die Sämlinge zum Schutz vor Schädlingen wie dem Kohlweißling oder Tauben mit einem feinmaschigen Netz ab.

Kultur

◆ **STECKRÜBEN** sät man ab Mai direkt ins Freiland, damit sich ihre Wurzeln ungestört entwickeln können. Sie wachsen sehr langsam und brauchen von der Aussaat bis zur Ernte rund fünf Monate. Man sät sie 2 cm tief in Reihen mit 40 cm Abstand dünn aus. Später dünnt man die Sämlinge aus, sodass die Pflänzchen 25 cm Abstand zum Nachbarn haben.

◆ **SPEISERÜBEN** kann man ebenfalls direkt aussäen, eine frühe Aussaat unter Glas verlängert die Saison aber etwas. Säen Sie zwei bis drei Samen 2 cm tief in gut gewässerte Töpfchen. Nach dem Keimen dünnt man die Sämlinge aus und lässt nur den kräftigsten pro Topf stehen. Vor dem Auspflanzen härtet man sie auf der Veranda oder im Frühbeet ab. Man setzt sie mit 10 cm Abstand und 30 cm Reihenabstand.

Speiserübe ‘Oasis’

Laufende Pflege

Wässern Sie die Sämlinge regelmäßig, damit die Wurzeln kräftig wachsen – sie platzen bei längerer Trockenheit. Steck- und Speiserüben sind anfällig für Erdflöhe, weshalb man sie mit einem feinmaschigen Netz schützen sollte. Bei früher Aussaat hält man außerdem ein Vlies zum Abdecken bereit, falls es noch einmal kalt wird.

◆ **BABYSPEISERÜBEN** sind schon nach sechs Wochen erntereif. Sobald sie golfballgroß sind, zieht man sie vorsichtig aus der Erde.

◆ **BIS SPEISERÜBEN** voll ausgereift sind, dauert es je nach Sorte bis zu 35 Wochen. Geerntet werden können sie, wenn das Laub welk wird. Die Erntesaison lässt sich strecken, indem man einige Exemplare jung, andere dagegen ausgereift erntet.

◆ **PRÜFEN SIE** bei der Kultur von Steckrüben den pH-Wert des Bodens, denn in alkalischem Erdreich ist eine Infektion mit der Kohlhernie weniger wahrscheinlich.

◆ **EMPFINDLICHE** Sorten überstehen den Winter nicht und müssen vor dem ersten Kälteeinbruch geerntet werden.

Verwendung

Für Suppen, Aufläufe, Pürees, ob gekocht oder gebraten.

Steck- und Speiserüben halten sich im Kühlschrank etwa eine Woche. Man kann sie auch gewürfelt und blanchiert oder gekocht und püriert bis zu neun Monate einfrieren. Steckrüben werden traditionell püriert, sind aber wie Pastinaken auch mit Kräutern im Ofen gebacken etwas Feines.

Steckrübenpüree Kochen und mit Butter, etwas Salz und frisch gemahlenem schwarzem Pfeffer pürieren.

Speiserübensuppe Mit ihrem milden Geschmack sind Speiserüben eine beliebte Suppenzutat. Ideal dazu: knusprig gebratene Pancetta.

Speiserüben

Wer Speiserüben wegen ihrer jungen, zarten Blätter zieht, erntet das Laub in der zweiten Frühjahrshälfte alle paar Wochen ab. Die Pflanzen bilden dann zwar trotzdem noch kleine Wurzeln, reifen aber langsamer. Kultiviert man das Gemüse nur wegen der Rüben selbst, erntet man sie, sobald sie groß genug sind. Winterharte Sorten können sogar im Winter im Boden bleiben.

Aussaat Speiserüben sollten im Frühjahr im Freilandbeet 2 cm tief mit 20 cm Abstand in Saatrillen ausgesät werden.

Jäten Sobald sich die Sämlinge zeigen, ist regelmäßiges Jäten mit der Hand ratsam. Dabei sollte man aber nicht die Wurzeln stören.

Ernte Aus dem Boden geholt werden die wohlschmeckenden, saftigen Rüben im Lauf des Sommers.

Rote Bete

Das farbenfrohe Gemüse ist ein verlässlicher, kaum für Schädlinge und Krankheiten anfälliger Lieferant von Wurzeln, die zumeist rund und rot sind, je nach Sorte aber auch gelb, weiß und gestreift ausfallen können – sogar lange und gedrungene Varianten findet man. Eines aber haben sie alle gemeinsam: Sie schmecken vorzüglich, ob gebacken oder eingelegt.

'Chioggia Pink'

'Forono'

Aussaat drinnen

Die Aussaat unter Glas ab Spätwinter verhilft Roten Beten zu einem Frühstart. Allerdings müssen sie ins Freie, bevor die Wurzeln die Töpfe ausfüllen.

Ausdünnen Stecken Sie eine Portion Samen in jeden Topf. Keimt mehr als ein Sämling, dünnt man aus und lässt nur den kräftigsten stehen.

Auspflanzen Setzen Sie die Sämlinge mit einem Abstand von 10 cm ins Freiland. Beim Auspflanzen dürfen die Wurzeln nicht verletzt werden.

Kultur

Rote Beten brauchen feuchte, nährstoffreiche, durchlässige Böden und sonnige bis absonnige Standorte. In steinigem Erdreich können die Rüben Risse bekommen. Die ungewöhnlichen »Samen« der meisten Sorten sind in Wirklichkeit eine Art Kapsel, die drei bis vier richtige Samen enthält. Nach der Aussaat muss man die Keimlinge ausdünnen.

◆ **ROTE BETEN** schossen leicht, wenn man sie zu früh aussät. Falls Sie eine Freilandaussaat im Frühjahr bevorzugen, sollten Sie daher schossfeste Sorten wie 'Boltardy' wählen.

◆ **IN KLEINEREN GÄRTEN** zieht man Rote Beten vielleicht besser in großen Gefäßen und erntet sie jung und zart.

Aussaat draußen

Von Frühjahr bis Hochsommer kann man die Samen ins Freiland säen. Vorher gräbt man den Boden um, jätet, entfernt Steine und harkt schließlich die Oberfläche eben. Die Kapseln mit den Samen sind groß und lassen sich deshalb leicht säen.

Aussaat Ziehen Sie eine flache Rille, wässern Sie gut und säen Sie in 10-cm-Abständen aus.

Ausdünnen Eine Samenkapsel bringt viele Sämlinge hervor. Man lässt nur den kräftigsten stehen.

Laufende Pflege

Rote Beten vertragen längere Durststrecken, doch die Rüben werden saftiger, wenn man sie bei Trockenheit zwischendurch wässert. Zu viel Gießen schadet aber, da es den Laubaustrieb auf Kosten der Rübenbildung fördert.

◆ **FOLGESAATEN** alle zwei bis drei Wochen von April bis August garantieren eine konstante Versorgung mit Roten Beten.

◆ **IN TROCKENEN SOMMERN** mulcht man den Boden rund um die Pflanzen, damit er Feuchtigkeit speichert.

◆ **DIE ERNTE** erfolgt je nach Sorte rund zwölf Wochen nach der Aussaat. Am besten schmecken die Rüben jung und zart. Sie werden mit einer Handgabel vorsichtig aus der Erde gehoben.

Verwendung

Für Suppen und Salate. Zum Backen, Braten, Rösten oder Einlegen.

Überschüssige Exemplare kann man schichtweise in mit Zeitungspapier ausgeschlagenen, sandgefüllten Holzkisten lagern. Junge Rote Beten lassen sich bis zu sechs Monate einfrieren. Davor werden sie weich gekocht und in Scheiben geschnitten oder gewürfelt.

Suppe Rote-Bete-Suppe oder Borschtsch kann auf vielerlei Arten zubereitet werden. In manchen Ländern gibt man Fleisch dazu, in anderen Joghurt oder saure Sahne.

Einlegen In Scheiben schneiden bzw. würfeln und mit Essig, Knoblauch und Lorbeerblättern in ausgekochte Gläser geben. Ein Jahr haltbar.

Kulturtipps

Rote Beten brauchen insgesamt wenig Pflege. Um ein paar Arbeiten allerdings kommt man nicht herum.

Jäten Um Nährstoffkonkurrenz zu vermeiden, jätet man regelmäßig mit der Hand. Dabei dürfen allerdings die Wurzeln nicht verletzt werden.

Wässern Beim Gießen richtet man den Strahl auf den Ansatz der Pflanzen. Werden die Blätter nass, können sich Krankheiten leichter ausbreiten.

Ernte Empfehlenswert ist, die Rüben jung zu ernten und gleich danach zu genießen – dann sind sie am zartesten und schmecken auch am besten.

Rettiche

Rettiche, zu denen auch die Radieschen gehören, sind das ideale Gemüse für Anfänger. Sie lassen sich nicht nur kinderleicht kultivieren, sondern sind schon wenige Wochen nach der Aussaat erntereif – und damit ideale Lückenfüller im Beet.

Dauerernte Wer Radieschen mag, sollte die knackigen Kugeln im Frühjahr und Sommer mehrmals neu aussäen, um ohne Unterbrechung ernten zu können.

Freilandaussaat

Graben Sie das Beet vor dem Besäen um, entfernen Sie Unkraut und Steine und harken Sie die Oberfläche eben. Radieschen werden im Frühjahr und Sommer, Rettiche im Spätsommer ausgesät.

Rillen ziehen Ziehen Sie die Rillen 1 cm tief. Zwischen Rillen für Radieschen lässt man 15 cm, zwischen solchen für andere Rettiche 25 cm Abstand.

Wässern Vor der Aussaat wässert man die Rillen und sät die Samen anschließend mit etwa 1 cm Abstand aus. Nach dem Austrieb kann man sie ausdünnen.

Kultur

Das Angebot an Rettichen ist groß. Radieschen reifen sehr schnell und können vom Frühjahr bis zum Herbst gesät werden. Die eigentlichen Rettiche, auch Winterrettiche genannt, und der Daikon oder Chinesische Rettich haben größere Wurzeln und werden im Spätsommer gesät und dann von der Herbstmitte bis zum Frühjahr geerntet.

- **RADIESCHEN** sind die Sprinter unter den Gemüsesorten: Schon drei bis sechs Wochen nach der Aussaat kann man sie ernten. Rettiche brauchen länger, doch lohnt sich das Warten.
- **LASSEN SIE** Radieschen nicht zu lange im Boden, sonst werden sie holzig und ungenießbar. Man erntet sie am besten täglich, indem man nach den größten Exemplaren in der Reihe sucht und sie gleich herauszieht.

Ernte Radieschen zieht man mit der Hand aus der Erde oder hebelt sie mit einer Handschaufel heraust. Für Rettiche braucht man schon einen Spaten.

Radieschen

Topinambur

Für dieses ungewöhnliche Wurzelgemüse brauchen Sie viel Platz. Topinambur ist eine wüchsige, hohe Staude mit hübschen gelben Blüten, die im Sommer Schwung in den Gemüsegarten bringen. Wer Topinambur in der Küche verwenden möchte, für den lohnt es sich, die süß-saftige Delikatesse zu kultivieren.

Blüten Topinambur ist mit den Sonnenblumen verwandt und veranstaltet den Sommer über im Gemüsegarten eine beeindruckende Blütenshow.

Kultur

Sie müssen sich in Ihrem Gärten mit nährstoffarmen Böden und etwas Schatten herumärgern? Verzweifeln Sie nicht: Topinambur braucht genau diese Bedingungen. Allerdings sind die Stauden die Rowdys der Gemüsewelt und verdrängen rasch andere Gewächse, wenn man sie nicht bändigt. Sobald man die Knollen mit ihrem nussigen Geschmack aber einmal probiert hat, wird man sie nicht mehr missen wollen.

◆ **DIE KNOLLEN** werden in der ersten Frühjahrshälfte 15 cm tief mit 60 cm Abstand gesetzt. Zuvor gräbt man den Boden um und arbeitet gut verrotteten Stallmist oder Komposterde ein. Wer mehrere Reihen kultivieren möchte, hält einen knappen Meter Abstand zwischen ihnen.

◆ **TOPINAMBUR** ist wenig anfällig für Schädlinge und Krankheiten. Man erntet die Knollen im Herbst und Winter wie Kartoffeln.

Windschutz

Das Gemüse lässt sich ganz einfach kultivieren, seine hohen Stauden aber werden leicht vom Wind umgeworfen. Man verhindert das, indem man um die Basis jedes Triebs Erde anhäufelt. Große Horste halten dem Wind besser stand als einzelne Pflanzen.

Stützen An exponierten Standorten braucht man gegebenenfalls Ruten und Schnüre als Stütze, um Windschäden zu verhindern.

Verwendung

Für Salate. Kann gebacken, gekocht oder in Butter gedünstet werden.

Wäscht man die Knollen nicht, halten sie sich im Kühlschrank zwei Wochen. Einfrieren ist nicht möglich, da sie sich verfärben und matschig werden.

Topinambur

Gemüse

Stangen

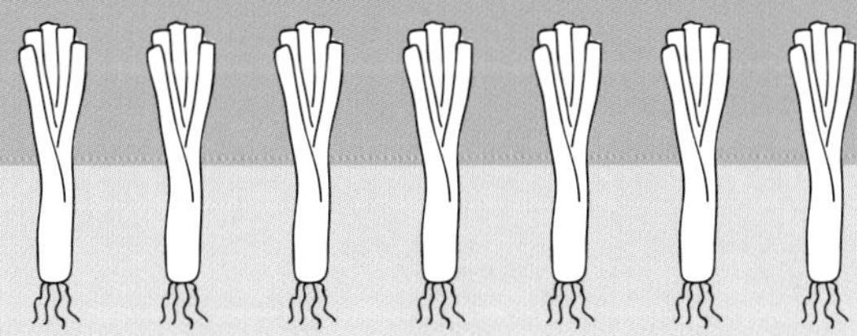

Lauch • Sellerie •
Rhabarber • Spargel

Lauch

Wenn Ihnen Zwiebeln zu intensiv sind, probieren Sie es doch einmal mit dem milderen Lauch, auch Porree genannt. Die schmackhaften Stangen lassen sich ohne Probleme ziehen und sind ein wichtiges Gemüse im Winter, wenn die Auswahl begrenzter ist als im Sommer.

Verwendung

Für Suppen, Eintöpfe, Gratins und Tartes.

Im Kühlschrank hält sich Lauch bis zu zwei Wochen. Eingefroren kann er weich werden, ist aber noch für Suppen und Eintöpfe verwertbar.

Aussaat

Durch Winteraussaat im Glashaus oder der Wohnung verhilft man Lauch zu einem vorgezogenen Start in die Saison.

Aussaat in Gefäße Streuen Sie die Samen dünn auf feuchte Saaterde in Saatschalen oder zweckentfremdeten Pflanzgefäßen. Lauch macht es nichts aus, wenn er aufgenommen und umgepflanzt wird.

Wurzeln stutzen Vor dem Umpflanzen ins Freiland kürzt man die Wurzeln ein bisschen. Das erleichtert das Einsetzen der Sämlinge in die Pflanzlöcher etwas.

Kultur

Lauch sät man am besten in Saatschalen unter Glas (*siehe links*) aus und setzt ihn, wenn er 15–20 cm hoch ist, an seinen endgültigen Standort. Die Stangen sollten 25–30 cm Abstand zueinander haben. Das Gemüse bevorzugt volle Sonne, kommt jedoch auch mit lichtem Schatten zurecht.

◆ **VOR DEM AUSPFLANZEN** gräbt man 5 cm breite und 15 cm tiefe Löcher, stutzt die Wurzeln auf 2–3 cm zurück (*siehe links*) und steckt die Pflanzen in die Löcher. Anschließend wird keine Erde zurückgefüllt, sondern nur gut gewässert (*siehe unten*), damit Erdreich von selbst in die Vertiefung geschwemmt wird.

◆ **HÄUFELN SIE** Erde um die Basis der Pflanzen auf, wenn diese wachsen. Dadurch werden die Stangen gebleicht.

Eingeschwemmt Beim Pflanzen steckt man den jungen Lauch zunächst in das gegrabene Loch und gießt anschließend so üppig, dass Erde in die Vertiefung geschwemmt wird.

Staudensellerie

Früher galt Staudensellerie als eher schwierig zu kultivieren. Man musste ihn in eine tiefe Furche setzen und Erde anhäufeln, damit keine Sonne an die Triebe kam und man feine weiße Stangen ernten konnte. Mit den selbstbleichenden Sorten von heute ist der Anbau viel einfacher geworden.

Sämlinge Sobald sie groß genug sind, kann man sie in Einzeltöpfe umsiedeln und dort weiterziehen.

Kultur

Manche behaupten zwar, die alten Bleichselleriesorten würden besser schmecken, doch Anfänger sollten sich nicht gleich an sie wagen, sondern sich erst einmal an selbstbleichenden Sorten versuchen. Sie werden drinnen vorgetrieben und nach dem Abhärten mit 25 cm Abstand in Gruppen in Erdreich mit einem hohen Anteil an organischer Substanz gepflanzt (*siehe unten*).

◆ **WICKELN SIE** Karton um die Stängel der Pflanzen, die am Rand der Gruppe stehen, sobald sie aus dem Boden spitzen. So trifft sie keine Sonne und sie färben sich nicht grün.

◆ **DIE ERNTE** erfolgt ab August. Vor dem ersten Frost muss man die gesamte Pflanzung abernten.

Verwendung

Für Salate, Suppen, Aufläufe, Füllungen, Pfannengerichte.

Hochwertiger, frischer Staudensellerie ist eine Delikatesse. Man kann ihn eine Woche lang im Salatfach des Kühlschranks aufbewahren. Er schmeckt zu Käse und ist eine leckere Zutat in Salaten. Man kann ihn aber auch in Stücke schneiden, blanchieren und dann in der Tiefkühltruhe bis zu neun Monate aufbewahren. Allerdings wird er beim Auftauen weich, weshalb man ihn danach am besten in Suppen oder Aufläufen verwertet. Diese Gerichte kann man übrigens auch einfrieren.

Tipps

Staudensellerie braucht eine lange Saison. Man sät ihn ab Februar drinnen dünn auf feuchtes Substrat in einer Schale aus. Da die Samen Lichtkeimer sind, bedeckt man sie gar nicht oder nur wenig mit Erde. Anschließend stellt man sie in einen beheizten Anzuchtkasten, wo man sie nach dem Austrieb vereinzelt. Sobald sie 15 cm hoch sind, setzt man sie nach draußen.

Gruppen Pflanzen Sie selbstbleichenden Staudensellerie in gittermusterigen Gruppen. So kommt keine Sonne an die Triebe.

Ernten Sellerie hält länger, wenn man die Wurzeln beim Ernten nicht verletzt. Abgeschnittene Stangen färben sich rasch braun.

Rhabarber

Diese Staude ist aus traditionellen Nutzgärten nicht wegzudenken. Sie liefert von April bis weit in den Sommer leuchtend rote oder rosa Stangen. Rhabarber ist hungrig und durstig und muss gut gedüngt und gewässert werden, damit er gesund bleibt und jedes Jahr viel Ertrag bringt.

Kultur

Rhabarber braucht schwere, nährstoffreiche Böden. Graben Sie den zu bepflanzenden Bereich gut um und arbeiten Sie reichlich verrotteten Stallmist oder Humus aus dem Komposter ein. Da Rhabarber eine große, langlebige Staude ist, sollte man gut überlegen, wohin man ihn pflanzt.

- **GEERNTET** wird im Frühjahr, indem man die Stangen dreht und gleichzeitig an ihnen zieht. Ernteschluss ist traditionell der 24. Juni, da die Pflanze anschließend Zeit braucht, sich für das nächste Jahr zu erholen.
- **GROSSE EXEMPLARE** teilt man im Herbst, damit die Mitte nicht verholzt. Behalten Sie die kräftigen, gesunden Teile und entsorgen Sie den Rest.

Rhabarber 'Victoria'

Verwendung

Für Marmelade, Kompott, Kuchen und Gebäck. Kann auch eingefroren werden.

Die frisch geschnittenen Stangen halten sich im Kühlschrank ein paar Tage – lässt man das Laub daran, auch noch etwas länger. Will man sie einfrieren, schneidet und blanchiert man sie vorher. Die Blätter sind giftig und müssen entsorgt werden.

Marmelade Rhabarber lässt sich mit Ingwer zu einer leckeren Marmelade verarbeiten.

Kulturtipps

Kaufen Sie Rhabarber als Jungpflanze, ernten Sie die Stangen aber im ersten Jahr noch nicht, damit sie schneller einwachsen. Sie können im Herbst und Frühjahr gesetzt werden. Rhabarber verträgt etwas Schatten.

Treiberei Rhabarber kann durch Abdecken im Winter vorgetrieben werden. Die ersten Stangen sind sehr süß und zart.

Mulchen Rhabarber sollte jedes Jahr im Frühjahr mit organischer Substanz gemulcht werden.

Ernte Ernten Sie alle paar Wochen einige Stangen. Das Gros sollte bleiben, damit die Pflanze weiterwachsen kann.

Spargel

Spargel fordert Geduld ein, denn er kann in den ersten zwei, drei Jahren nach dem Pflanzen nicht geerntet werden. Sobald man die delikaten Stangen aber erst einmal in zerlassener Butter genossen hat, wird man feststellen: Das Warten hat sich gelohnt!

Kultur

Spargel pflanzt man als Jungpflanzen, »Klauen« genannt, die meist wurzelnackt verkauft werden. Das Gemüse kann bis zu 15 Jahre im selben Beet bleiben, man muss mit ihm also langfristig planen und den Boden gut vorbereiten. Jäten Sie mehrjährige Unkräuter und arbeiten Sie reichlich verrottete organische Substanz ein.

- **SPARGEL** braucht leichte, nährstoffreiche, durchlässige Böden. Ist der Boden ungeeignet, kultiviert man ihn in Hochbeeten.
- **ERNTEN SIE** ab dem dritten Jahr die grünen Stangen, indem Sie sie knapp unter der Oberfläche abschneiden, sobald sie 20 cm hoch sind.

Verwendung

Für Tartes, Risotto und Gratins. Kann gekocht oder gedämpft werden.

Die Stangen halten im Kühlschrank ein paar Tage, sollten aber in ein feuchtes Tuch gewickelt werden, damit sie frisch bleiben. Will man sie einfrieren, ob ganz oder geschnitten, schält man sie und blanchiert sie kurz. Ideal als Frühlingsessen: gedämpfte frische Stangen mit zerlassener Butter, Zitronensaft und frisch gemahlenem schwarzem Pfeffer. Gut passt Spargel auch zu Huhn, Lachs und Schwein.

Tarte Eine Frühjahrsleckerei ist diese Tarte aus Mürbteig, Eiern von frei laufenden Hühnern, reifem Cheddar und Spargel.

Tipps

Spargel ist nicht sonderlich anspruchsvoll, muss aber nach den roten Spargelkäfern abgesucht werden, die die Stangen schädigen. Am besten sammelt man die Käfer ab. Das farnartige Laub muss gegebenenfalls im Sommer gestützt werden. Es zieht im Herbst ein.

Pflanzung Setzen Sie die Klauen in 30 cm Abstand. Sie werden oft in Furchen mit einem Erdhügel in der Mitte gepflanzt.

Ernte Spargel kann man bis zu zehn Wochen lang ernten. Danach lässt man ihn wachsen, damit die Pflanze wieder Kräfte sammelt.

Pflege Schneiden Sie am Ende der Saison das farnartige Laub ab, sobald es gelb wird und einzuziehen beginnt.

Gemüse

Kräuter

Einjährige und mehrjährige Kräuter • strauchige Kräuter

Ein- und mehrjährige Kräuter

Das Angebot an ein- und mehrjährigen Kräutern, die den Garten durch ihren angenehmen Duft bereichern, ist groß. Viele Kräuter sind nicht nur schön anzusehen, sie lassen sich auch für den späteren Einsatz in der Küche haltbar machen. Wer sich ein Sortiment zulegt, kann fortan auf kurzlebige Supermarktkräuter verzichten.

Petersilie

Petersilie bekommt man in Gartencentern, selbst ausgesät aber schmeckt sie besser. Sie wird ab Mai und den Sommer über sukzessive alle paar Wochen direkt ins Freiland ausgesät. Überwintern kann man sie unter einer Abdeckung.

Schädlingsalarm Karotten und Petersilie sind verwandt. Deshalb können beide von der Möhrenfliege befallen werden.

Einjährige Kräuter

Einjährige Kräuter können ohne Probleme durch Aussaat kultiviert werden und liefern selbst auf kleinem Raum gute Erträge.

- **KORIANDER** gedeiht im Halbschatten am besten. Man sät ihn im Frühjahr ins Freiland und erntet die Blätter jung und frisch. In der asiatischen und Nahostküche hat er einen festen Platz.
- **BORRETSCH** ist ein erstaunliches einjähriges Kraut. Seine Blätter zeichnen sich durch einen milden Gurkengeschmack aus und passen gut in Salate. Vorsicht: Borretsch sät sich sehr stark selbst aus, man sollte sich daher gut überlegen, ob man ihn im Garten haben möchte.
- **BASILIKUM** ist bei uns nicht winterhart und wird einjährig gezogen. Das duftende Kraut hat in der italienischen Küche einen hohen Stellenwert. Es wird im späten Frühjahr direkt ins Freiland gesät. Mit violetten Sorten bringt man Farbe in das Kräuterbeet.
- **PETERSILIE** ist ein beliebtes Küchenkraut. Es gibt die glatte Petersilie, die einen etwas kräftigeren Geschmack hat, und die kleinere krause Petersilie.

Mehrjährige Kräuter

Viele mehrjährige Kräuter haben nicht nur einen praktischen Nutzen, sondern sehen auch gut aus – ob in einem eigenen Beet oder zwischen anderen Pflanzen.

◆ **SCHNITTLAUCH** öffnet hübsche violette Blüten und eignet sich vorzüglich als Beeteinfassung oder Unterpflanzung von Obstbäumen. Besonders nützlich ist er als Nachbar von Karotten, denn mit seinem stechenden Geruch verwirrt er Möhrenfliegen.

◆ **ESTRAGON** trägt aufrechte, verzweigte Triebe und kommt traditionell in Hähnchengerichten und Soßen zum Einsatz.

◆ **FENCHEL** ist eine hohe, hübsche Staude mit gefiedertem, nach Anis duftendem Laub und eine Bereicherung von Kräutergärten.

Minze

Minze gibt es in über 120 Sorten zu kaufen, darunter Schokoladen-, Ingwer- und Orangenminze. Sie alle sind sehr wüchsig und sollten in einem in die Erde versenkten Topf kultiviert werden, damit sie sich nicht ausbreiten können.

Verwendung

Für Suppen, Eintöpfe, Risotto, Getränke, Brot, Nudelgerichte, Kräutertees. Eingefroren, getrocknet oder als Bestandteil von Hausmitteln.

Frische Kräuter können Sie, in feuchtes Küchenpapier gewickelt, bis zu zehn Tage im offenen Plastikbeutel im Kühlschrank aufbewahren. Blätter lassen sich auch an der Luft trocknen oder einfrieren, sofern man sie von den Stängeln zupft – die Geschmacks- und Qualitätseinbußen sind minimal.

Bouquet garni Ein Bündel aus Kräutern, das zum Würzen von Aufläufen, Soßen und Suppen verwendet wird. Vor dem Servieren des Gerichts holt man es heraus und entsorgt es.

Luftgetrockneter Fenchel Fenchel lässt sich durch Trocknen sehr gut haltbar machen. Die Blätter nimmt man zum Würzen von Suppen, Soßen und Dressings.

Dünger aus Beinwell Wer natürlichen Stickstoffdünger etwa für Tomaten (*siehe S. 58*) braucht, ist mit Beinwell bestens beraten.

Strauchige Kräuter

Viele strauchige Kräuter gehören zur Fraktion der immergrünen Pflanzen und bereichern den Garten ganzjährig. Lorbeer und Rosmarin kann man als Blickfang in die Beete von Nutz- und formal gestalteten Ziergärten setzen. Lavendel und Salbei wiederum machen als Saumpflanzung und Duftgeber eine gute Figur.

Kräuterbeet (*siehe S. 86*) Lavendel dient als Blickfang in diesem Beet, das von niedrigen, geschnittenen immergrünen Hecken gesäumt wird.

Kräuterrasen

Thymian und Kamille wachsen kriechend und geben daher ideale Kräuterrasen ab. Man sollte aber nicht zu viel auf ihnen herumlaufen, da sie nicht so robust wie Rasengräser sind.

Duftrasen Pflanzen Sie kleine Sorten mit 25 cm Abstand in durchlässige Böden. Sie verflechten sich rasch zu einem immergrünen Duftteppich.

Freilandkultur

Die meisten strauchigen Kräuter gedeihen in leichtem, durchlässigem Erdreich. Wer schwere Böden hat, muss viel Sand oder Kies einarbeiten. Manche strauchigen Kräuter werden sehr groß und machen sich ungebührlich breit, wenn man sie nicht regelmäßig schneidet.

- **LORBEER** ist als Hochstamm oder Pyramide gezogen ein Blickfang im Garten. Ungeschnitten wächst er als Busch. Da er bei uns nicht winterhart ist, hält man ihn besser im Kübel und überwintert ihn im Haus.
- **ROSMARIN** – bei uns ebenfalls nicht sicher winterhart – wird gern als Hecke eingesetzt – manche Sorten erreichen stattliche Ausmaße. Auch Lavendel eignet sich als niedrige Hecke.
- **VIOLETTER ODER DREIFARBIGER SALBEI** ist nicht der einzige Farbgeber unter den Kräutern: Auch Ysop, Lavendel und Rosmarin trumpfen mit ansehnlichen Blüten auf.

Lückenfüller

Kräuter sind vielseitig und brauchen nicht viel Nährstoffe, sodass man sie getrost in kleine Lücken pflanzen kann, die für anspruchsvollere Gewächse ungeeignet sind. Thymian und Kamille etwa eignen sich als Wegsaum oder sogar als Begrünung von Pflasterritzen.

Klein halten Schneidet man Lavendel zweimal jährlich, bleibt er kompakt und braucht kaum Platz.

Passt in jede Ritze Thymian kommt mit kleinsten Räumen zurecht und ist sogar mit Ritzen zufrieden.

Topfkultur

Kräuter gedeihen auch in Töpfen. In Gefäßen kann man sie zudem nach Belieben dorthin stellen, wo sie am besten wirken, etwa als Blickfang. Man muss sie weniger wässern und düngen als andere Topfpflanzen, dennoch sollte man den Sommer über ein Auge auf sie haben.

- **GUT AUFGEHOBEN** sind Kräuter z. B. in Erdbeertöpfen.
- **IM URLAUB** stellt man Kräuter in den Schatten, damit sie nicht so schnell austrocknen.

Gefäße Kräuter in Tontöpfen sind schön und nützlich zugleich.

Verwendung

Für Brühen, Suppen, Fischgerichte. Können getrocknet oder eingefroren werden.

Da Rosmarin und Lorbeer immergrün sind, kann man sie nach Belieben frisch ernten, sie lassen sich aber auch trocknen. Dazu bindet man sie und hängt sie an einen kühlen, trockenen Platz. Sobald sie völlig trocken sind, gibt man sie in ein luftdichtes Gefäß. Sie bewahren ihren Geschmack besser, wenn man sie erst kurz vor der Verwendung zerreibt. Verbraucht werden sollten sie innerhalb eines Jahres. Als Faustregel gilt: Ein Teelöffel getrockneter, zerriebener Kräuter entspricht einem Esslöffel frischer Kräuter.

Seife Kräuterseifen sind schnell gemacht und ein individuelles Geschenk.

Essig und Öl Legt man Kräuterzweiglein in Öl und Essig, bekommt man ausgezeichnete gewürzte Varianten, die wesentlich billiger als im Laden sind.

OBST

Anbau und Lagerung

Obst

Beeren

Erdbeeren • Obstkäfig • Himbeeren • Stütze für Himbeerruten • Heidelbeeren und Cranberrys • Heidelbeerbeet • Brombeeren und Hybriden • Stachelbeeren • Johannisbeeren

Erdbeeren

Erdbeeren gehören zu den beliebtesten Früchten in unseren Breiten. Da sie wenig Platz brauchen und reich tragen, eignen sie sich bestens für kleinere Gärten. Man kann sie sogar in Hängekörben, Kästen und Töpfen ziehen. Pflanzt man die Stauden in Hochbeete, tut man sich beim Jäten und Ernten der Früchte leichter.

Netze Auch Vögeln schmecken die saftigen Früchte. Schutz vor hungrigen Schnäbeln bietet ein Netz, das man rechtzeitig spannen muss.

Pflanzung

Zuerst gräbt man das Beet gründlich um und jätet es. Dann arbeiten Sie vor dem Pflanzen viel organische Substanz ein. Die ideale Pflanzzeit ist der Spätsommer, wenn die Erde noch warm ist. Anschließend das Beet gut wässern.

Abstände Erdbeerstauden brauchen etwa 40 cm Abstand zueinander. Zwischen den Reihen bleibt 1 m Platz.

Kultur

Erdbeeren gehören in durchlässige, nährstoffreiche Erde an sonnigen, geschützten Standorten.

Hat man nur magere Böden, zieht man sie am besten in Hochbeeten oder Gefäßen. Kaufen Sie nur garantiert virusfreie Pflanzen und setzen Sie sie nicht dort in die Erde, wo vorher Kartoffeln oder Tomaten angebaut wurden. Diese Arten sind anfällig für die Verticillium-Welke, die sich auf Erdbeeren überträgt.

◆ **ERDBEEREN** wachsen besser ein, wenn man sie im Spätsommer pflanzt, selbst wenn sie dann im folgenden Sommer nur schwach fruchten. Man kann sie auch im Frühjahr setzen, doch dann sollte man die Blüten im ersten Jahr abzwicken, damit die Pflanzen besser einwurzeln. Wässern Sie frisch gepflanzte Exemplare gut.

◆ **IDEAL IST** eine Mischpflanzung aus frühen und späten Sorten, damit man von Ende Mai bis Mitte Juli ernten kann. Monatserdbeeren tragen vom Hochsommer bis zum Herbst.

Vermehrung

Erdbeeren treiben ständig neue Ausläufer aus. Deshalb lassen sie sich leichter vermehren als die meisten anderen Obstsorten. Man klammert die Pflänzchen in kleinen, substratgefüllten Töpfen fest, die man in die Erde versenkt, und wässert sie gut. Nach einigen Wochen wurzeln sie ein, sodass man die Verbindung zwischen alter und neuer Pflanze kappen kann. Wer keine Ausläufer braucht, schneidet sie ab.

◆ **FALLS SIE** konstant frische Pflänzchen benötigen, sollten Sie ein paar Erdbeerstauden in einem separaten Beet als reine Ausläuferlieferanten ziehen.

Klammer Bildet die Hauptpflanze einen Ausläufer, klammert man ihn in einem Topf fest, damit er einwurzelt. Sobald die Tochterpflanze groß genug ist, kommt sie ins Beet.

Verwendung

Für Erdbeeren mit Sahne, Erdbeer-Daiquiri, Erdbeertorte, Milchshakes, Eiscreme, Konfitüre, Likör oder die englische Süßspeise Summer Pudding. Auch einfrieren ist möglich.

Lässt sich der Sommerbeginn genussvoller feiern als mit der ersten Schale Erdbeeren, auf der ein dickes Sahnehäubchen thront? Die frisch gezupften Früchte halten sich im Kühlschrank nur ein paar Tage. Eingefroren kann man sie zwar bis zu zwölf Monate aufbewahren, doch werden sie nach dem Auftauen matschig und eignen sich dann nur noch für Konfitüre oder Smoothies.

Konfitüre Zu viele Erdbeeren auf einmal im Garten? Kein Problem: Machen Sie die Früchte einfach ein.

Summer Pudding Diese typisch englische Leckerei ist rasch zubereitet und schmeckt mit Sahne serviert himmlisch.

Erdbeer-Tarte Tarte-Förmchen kaufen und mit Erdbeeren sowie anderen Sommerbeeren füllen. Ein im Nu zubereitetes Dessert!

Milchshake Der beste Milchshake ist der mit Erdbeeren. Mit Halbgefrorenem kombiniert wird ein leckerer Slush draus.

Schutz

Der Schutz der Früchte vor Bodenkontakt ist eine der wichtigsten Maßnahmen. Die Früchte dürfen nicht direkt auf der Erde liegen, da sie sonst faulen. Dies lässt sich durch Folgendes verhindern:

Kunststofffolien Pflanzt man die Stauden in Schlitze in Folien oder Gartenvlies, senkt man die Fäulnisgefahr und unterdrückt obendrein Unkräuter.

Kragen Sie werden um den Pflanzenansatz gelegt, damit die Früchte nicht direkt auf dem Boden aufliegen. Diese Kragen können sie kaufen oder selbst basteln.

Stroh Die traditionelle Methode, ein Faulen der Früchte zu verhindern. Ideal ist weiches, biegsames Gerstenstroh. Man bekommt es in Tierhandlungen.

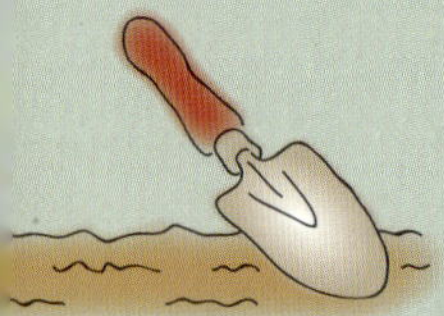

Projekt Netzkäfig

Wenn Sie schon viel Mühe in den Anbau von Obst und Gemüse stecken, wollen Sie Ihre Köstlichkeiten auch angemessen schützen. Vögel und andere kleine Tiere sind ausgesprochen trickreich, wenn es darum geht, die Ernte zum rechten Zeitpunkt zu stibitzen.

MATERIAL & WERKZEUG

- Bambusstäbe, Steckverbindungen, Netze, Drahtklammern

Schritt 3

Schritt 2

Die Löcher in den Steckverbindungen müssen zur Dicke der Stäbe passen.

Damit der Rahmen stabil bleibt und auch nach mehrmaligem Entfernen des Netzes nicht wacklig wird, sollte der Abstand zwischen den Stäben nicht größer als 1,2 m sein.

Schritt 1

1 Schlagen Sie in jeder Ecke des Beets vier gleich lange Bambusstäbe etwa 20 cm tief in die Erde.

2 Stecken Sie eine kugelförmige Steckverbindung auf das obere Ende jedes Stabs. Steckverbindungen dieser Art haben mehrere Löcher, sodass man die vier senkrechten Stäbe mit waagrechten verbinden kann und ein Rahmen entsteht.

3 Stecken Sie den gesamten Rahmen so zusammen, dass später noch genug Abstand zwischen den Pflanzen und dem zu spannenden Netz bleibt.

4 Spannen Sie das Netz über den Rahmen. Es sollte so groß sein, dass Sie es noch rundherum am Boden festklammern können.

Schritt 4

Das Netz wird mit gebogenen Drahtklammern, Drähten oder kurzen Stäben fixiert. Wichtig: Man sollte sie immer wieder problemlos entfernen können.

Als Schutz vor Vögeln braucht man ein relativ feinmaschiges Netz. Achten Sie darauf, dass es nach jedem Entfernen wieder gut fixiert wird.

Unter diesem einfachen Netzkäfig haben die Pflanzen noch genügend Platz, in die Höhe und Breite zu wachsen. Das Netz sollte oben und seitlich straff gespannt sein, damit Vögel sich nicht darin verheddern.

Weitere Systeme

Wer zum Schutz seiner Obst- und Gemüsepflanzungen größere Netzkäfige braucht, hat die Auswahl aus vielerlei Varianten. Manche können aus handelsüblichen Bauteilen wie Alustangen, Rahmenverbindungen und Netzen mit geeigneter Maschengröße individuell konstruiert werden, andere sind fertig erhältlich und müssen nur noch zusammengesteckt werden. Sie sind stabil und halten lange.

Dieser große Käfig setzt sich aus vorgefertigten Komponenten zusammen. Statt das Netz bei der Ernte komplett zu entfernen, schlägt man es nur zurück.

Metallreifen werden nacheinander in die Erde gesteckt. Darüber legt man ein Netz, sodass ein Tunnel entsteht, unter dem kleinere Gewächse geschützt wachsen.

Himbeeren

'Tulameen'

Himbeeren sind im Laden relativ teuer, im Hausgarten dagegen lassen sie sich kinderleicht ziehen und brauchen nicht einmal viel Platz. Sie gehören zu den am frühesten reifenden Beeren und schmecken frisch gepflückt großartig. Man unterscheidet Sommer- und Herbstsorten – wer mit Köpfchen plant, ist also von Juli bis zu den ersten Frösten mit Himbeeren versorgt.

Himbeerruten

Himbeeren kauft man oft im Topf, doch bietet der Fachhandel sie auch zu Bündeln geschnürt als wurzelnackte Sträucher an (*siehe unten*).

Kauf Topfware wird mit etwas mehr als bleistiftdicken Ruten angeboten. Achten Sie auf weiße Knospen: Aus ihnen bilden sich die neuen Triebe.

Pflanzung Bereiten Sie den Boden gut vor (*siehe rechts*). Für Sommersorten muss Draht gespannt werden. Wichtig ist ein gleichmäßiger Abstand zwischen den Pflanzen. Gut wässern.

Kultur

Weisen Sie Himbeeren einen windgeschützten, aber sonnigen Standort zu. Sträucher in Töpfen kann man das ganze Jahr pflanzen, doch wurzelnackte Exemplare setzt man zwischen Spätherbst und zeitigem Frühjahr, wenn der Boden nicht gefroren ist.

◆ **VOR DEM PFLANZEN** gräbt man eine Furche und arbeitet viel gut verrotteten Stallmist oder Kompost ins Erdreich ein, um dessen feuchtigkeitsspeichernde Eigenschaften zu verbessern.

◆ **SOMMERHIMBEEREN** müssen gestützt werden. Man setzt sie daher unter horizontale Drähte, die in 40 und 80 cm Höhe zwischen Pfosten gespannt wurden (*siehe S. 196*).

◆ **PFLANZEN SIE** Himbeeren in 35–45 cm Abstand; der Reihenabstand sollte 1,2–2 m betragen. Sie müssen nicht sonderlich tief gesetzt werden: 7–8 cm reichen völlig aus.

'Octavia'

'All Gold'

Laufende Pflege

Himbeeren bevorzugen stark durchlässige Böden, brauchen aber gleichzeitig viel Wasser. Sie vertragen ein bisschen Schatten, am besten fruchten sie jedoch in der prallen Sonne.

◆ **WÄSSERN SIE** die Pflanzen den Sommer über gut. Mit einer gelegentlichen Gabe Tomatendünger fördert man den Ertrag. Mulchen Sie den Wurzelraum, um Unkraut zu unterdrücken und Feuchtigkeit im Boden zu halten.

◆ **SOBALD** die Beeren reifen, sollte man sie vor Vögeln schützen – am besten mit einem Netz, das straff gespannt wird, damit sich die Tiere nicht darin verfangen. Herbsthimbeeren sind weniger anfällig für Vogelfraß.

◆ **ERNTEN** können Sie, sobald sich die Beeren je nach Sorte gelb oder rot färben. Sie lassen sich leicht von den Trieben ziehen; zurück bleibt ein Kegel.

Ernte mit Fingerspitzengefühl Ziehen Sie die Beeren vorsichtig von den Ruten, damit sie nicht verletzt werden. Unversehrt halten sie wesentlich länger.

Schnitt

Die Sommerhimbeeren schneidet man anders als Herbsthimbeeren.

Sommerhimbeeren Gleich nach der Ernte der letzten Beeren schneidet man die alten Ruten bis zum Boden zurück. Jungtriebe dagegen lässt man stehen.

Herbsthimbeeren Ihre abgetragenen Ruten lässt man über Winter stehen und schneidet sie erst im Frühjahr zurück.

Verwendung

Für Konfitüren, Coulis, Kuchen, Kaltschalen oder Grütze. Kann auch tiefgefroren werden.

Wer zu viele Himbeeren erntet und nicht weiß, wohin damit, braucht nicht zu verzweifeln: Das Obst lässt sich vorzüglich einfrieren und zu allerlei Desserts, Kuchen und Torten verarbeiten. Im Herbst und Winter freut man sich über das Kompott und die Obstkuchen, für die man die tiefgefrorenen Schätze verwerten kann. Wer gerade keine Zeit hat, Konfitüre zu kochen, steckt die Beeren ins Tiefkühlfach und kocht sie später ein. Frisch halten sie aber nur wenige Tage.

Einfrieren Himbeeren lassen sich problemlos im Tiefkühlfach lagern. Dazu friert man sie zunächst locker verteilt auf einem Teller ein und gibt sie erst danach zusammen in einen Behälter. So kleben sie nicht zusammen und können einzeln herausgenommen werden.

Konfitüre Himbeerkonfitüre ist leicht einzumachen – im Internet findet man etliche Rezepte. Ungeöffnet hält sie sich bis zu einem Jahr. Nach dem Öffnen bewahrt man sie im Kühlschrank auf.

Projekt
Rankgerüst für Himbeeren

Die meisten Himbeersorten brauchen eine Stütze. Relativ einfach zu konstruieren ist ein Rankgerüst aus Pfosten mit dazwischengespannten Drähten. Man bindet die Ruten an die Drähte. Sie stützen und ordnen die Triebe nicht nur, sondern erleichtern auch das Abernten der Beeren und das Schneiden der Ruten.

MATERIAL & WERKZEUG

- 4 Pfosten, verzinkter Draht, 4 Ösenschrauben, Nägel
- Hammer, Bohrmaschine, Drahtbiegezange, Säge

Schritt 1

Schlagen Sie die Stützpfosten so neben den Hauptpfosten ein, dass Sie die beiden Drähte noch problemlos an den Hauptpfosten befestigen können.

Schritt 2

Schneiden Sie jeden Stützpfosten im 90°-Winkel ab und nehmen Sie das Ende als Maß, um die Kerbe einzuzeichnen.

Schritt 3

Fixieren Sie die Verbindung mit einem 10-cm-Holznagel. Anschließend bohren Sie die Löcher für die Ösenschrauben. Der Durchmesser der Löcher muss etwas größer sein als der der Schrauben.

1 Bohren Sie zwei kleine Löcher etwa 40 cm tief im passenden Abstand in die Erde. In diese Löcher schlagen Sie die Hauptpfosten so ein, dass sie stabil stehen. Legen Sie nun die Stützpfosten schräg an die Hauptpfosten und treiben Sie sie ebenfalls in die Erde.

2 Wo sich Haupt- und Stützpfosten kreuzen, wird am Hauptpfosten eine Kerbe angezeichnet.

3 Sägen Sie die Kerbe in den Hauptpfosten, in die das Ende des Stützpfostens passt. Bohren Sie anschließend Löcher in 40 und 80 cm Höhe durch die Hauptpfosten.

4 Fixieren Sie in den beiden Löchern Ösenschrauben.

Achterschlinge

Man fixiert die Himbeerruten mit Bindfäden an den Drähten, damit sie nicht vom Wind umgeworfen werden oder abbrechen. Binden Sie die Triebe am besten mit einer Achterschlinge an. Dabei wird eine Schlinge um den Trieb, die andere um den Draht geschlungen. So hat die Rute noch Spielraum zum Wachsen und sitzt trotzdem fest.

5 Fädeln Sie Draht durch eine Öse und verdrillen Sie das Ende mit der Zange. Dann fädeln Sie den Draht durch die Öse am anderen Pfosten und spannen ihn.

6 Zwicken Sie den Draht mit der Zange ab und wickeln Sie das Ende so um den gespannten Draht, dass man sich nicht daran verletzen kann.

Zwicken Sie den Draht am anderen Ende ab. Lassen Sie ihn aber 10 cm überstehen.

Mit den Muttern an den Ösenschrauben wird der Draht zum Schluss gespannt.

Das Gerüst wird am besten an einem sonnigen, zur Not auch leicht schattigen Standort aufgestellt. Es erleichtert das Abernten der Sträucher wesentlich.

Heidelbeeren und Cranberrys

Diese eng verwandten »Superfrüchte« benötigen feuchte, saure Böden – vor allem Cranberrys mögen es sumpfig. Solche Bedingungen sind in Nutzgärten rar, doch man kann den Beeren in abgesenkten Beeten oder Hochbeeten mit saurem Substrat den passenden Lebensraum bieten.

Netze Sobald die Beeren reifen, spannt man Netze über sie, damit Vögel sie nicht stibitzen können.

Kultur

Vor dem Pflanzen sollten Sie zuerst den pH-Wert des Bodens bestimmen – am besten mit einem Testset (*siehe S. 21*). Beide Beerensträucher brauchen viel Sonne, müssen aber gleichzeitig dauerhaft feucht gehalten werden. Im Handel bekommt man sie meistens in Töpfen. Pflanzzeit ist im Herbst und Frühjahr.

- **HEIDELBEEREN** sind selbstbefruchtend, es reicht also eine einzige Pflanze. Besser tragen die Sträucher aber in Gruppen.
- **SCHNEIDEN SIE** Heidelbeeren im Frühjahr, indem Sie ein Drittel des älteren Holzes bis zum Boden zurückschneiden.
- **GIESSEN SIE** regelmäßig mit Regenwasser, denn Leitungswasser ist zu alkalisch für diese Pflanzen.

Spezialdünger Herkömmliche Dünger sind für Heidelbeeren und Cranberrys nicht zu empfehlen, da sie den pH-Wert des Bodens erhöhen. Für diese Kalkflieher gibt es spezielle Präparate wie Rhododendrendünger.

Heidelbeerbeet

Heidelbeeren wachsen in der Natur häufig auf Heiden. Ähnliche Bedingungen brauchen sie auch im Garten. Die beiden wichtigsten Voraussetzungen sind Feuchtigkeit und saure Böden. Dazu hebt man eine 30 cm tiefe Grube in der gewünschten Größe aus, schlägt sie mit perforierter Teichfolie aus und füllt sie mit Moorbeeterde auf, die sich für säureliebende Pflanzen eignet.

Vorbereitung Heidelbeerstrauch aus dem Topf holen und die Wurzeln vorsichtig auseinanderziehen.

Pflanzung Ein Loch graben und den Ballen so tief hineinsetzen, wie er vorher im Topf gestanden hat. Erde festdrücken und wässern.

Mulchen Strauch mit gut verrotteter saurer, organischer Substanz wie kompostierter Rinde oder Kiefernnadeln mulchen.

Ernte

Beeren pflücken Die reifen Beeren pflückt man einzeln ab, damit man nicht aus Versehen unreife erntet.

Heidelbeeren werden im Hochsommer erntereif, sobald sie sich dunkelblau färben. Ein weißer Reif auf der Schale zeigt an, dass sie abgezupft werden können. Cranberrys wiederum reifen im Herbst, erkennbar an der glänzend roten Farbe (*siehe rechts*).

- **REIFE BEEREN** lassen sich leicht von den Zweigen lösen. Man sollte sie nicht zerdrücken, da sie sonst schnell verderben.
- **PRÜFEN SIE** die Büsche den Sommer über regelmäßig, denn die Beeren an einer Pflanze reifen nicht alle zur selben Zeit.

Verwendung

Cranberrysoße Wer sie einmal selbst gemacht hat, kauft sie nie wieder. Sie lässt sich mindestens sechs Monate einfrieren.

Heidelbeeren kann man in Kuchen, Muffins, Törtchen und Pfannkuchen verwerten. Cranberrys finden in Soßen, Gelee, Eingemachtem, Getränken und Quarkspeisen Verwendung. Man kann sie auch trocknen.

Aus Heidelbeeren lassen sich leckere Kuchen zaubern, die man wie die rohen Früchte gut einfrieren kann. Auch Cranberrys eignen sich für das Tiefkühlfach. Will man sie trocknen, übergießt man sie vorher mit heißem Wasser.

Einfrieren Man friert die Beeren locker verteilt auf einem Blech ein. Dann packt man sie in Gefrierbeutel. Sie sind zwölf Monate haltbar.

Cranberrys

Die niedrigen, kriechenden immergrünen Sträucher bevorzugen ähnliche Bedingungen wie Heidelbeeren, brauchen also feuchte, saure Böden. Ihre hübschen roten Früchte reifen später als Heidelbeeren.

Reif Cranberrys beginnen im Frühherbst zu reifen und halten sich am Strauch monatelang, falls sie nicht vorher von Vögeln genascht werden.

Versenkt Ein altes Keramikbecken ist der ideale Lebensraum für Cranberrys. Man versenkt es im Boden und füllt es mit Rhododendrenerde, die man feucht hält.

Projekt Heidelbeerbeet

Heidelbeeren sind Kalkflieher, brauchen also saure, kalkfreie Böden. Das Erdreich sollte ferner stark durchlässig und zugleich feuchtigkeitsspeichernd sein. Falls diese Bedingungen in Ihrem Garten nicht gegeben sind, legen Sie am besten an einem geschützten, sonnigen bis halbschattigen Platz ein versenktes Beet an.

Schritt 1

Ritzen Sie den Umriss des Rahmens auf der Bodenoberfläche mit einem Spaten oder Stock ein.

Schritt 2

Der Rahmen sollte eben und rechteckig in der ausgehobenen Grube liegen und leicht herausragen. Der Aushub wird später noch gebraucht.

MATERIAL & WERKZEUG

- Bretter und Pflöcke
- Unkrautfolie oder Gartenvlies, Rhododendren- bzw. Moorbeeterde

1 Der Rahmen wird genauso konstruiert wie der für ein Hochbeet (*siehe S. 38–39*). Er muss rechtwinkelig sein; prüfen Sie die Winkel mit einem Winkeleisen oder durch Ausmessen der beiden Diagonalen, die gleich lang sein müssen.

2 Legen Sie den Rahmen an den Standort und heben Sie die Erde innerhalb des Rahmens aus – aber nicht ganz so tief, wie der Rahmen hoch ist, damit sein Rand etwas aus dem Boden ragt.

3 Fixieren Sie den Rahmen, indem Sie an jeder Ecke einen Pflock 10 cm tiefer in den Boden schlagen, als der Rahmen hoch ist. Ist der Rahmen länger als 1,8 m, fügt man weitere Pflöcke in der Mitte hinzu, damit er stabil sitzt.

Cranberrys

Heidelbeersträucher brauchen viel Abstand zu ihren Nachbarn – je nach Sorte bis zu 1,8 m. Um das Beet optimal zu nutzen, kann man sie daher mit Cranberrys unterpflanzen, die ebenfalls in saurer Erde gedeihen. Diese dichten, niedrigen Sträucher ergänzen Heidelbeeren ideal und fruchten erstaunlich stark.

Schritt 3

Treiben Sie die Eckpflöcke so in den Boden, dass der Rahmen rechtwinkelig bleibt. Mit Schrauben fixiert man den Rahmen an den Pflöcken.

Schritt 4

Schneiden Sie das Vlies bzw. die Folie so zurecht, dass sie geringfügig größer als der Rahmen ist. Anschließend wird sie in den Rahmen gelegt und sauber unter die Bretter gesteckt.

4 Damit das Substrat im Beet bleibt und sich keine tief wurzelnden Unkräuter festsetzen, schlägt man das Beet mit Folie aus.

5 Füllen Sie das Substrat ein. Die zuvor ausgehobene Erde häufeln Sie außen um den Beetrahmen – aber nur so hoch, dass noch ein Stück des Rahmens aus dem Boden ragt.

Schritt 5

Verteilen Sie die Moorbeeterde im Beet und drücken Sie sie fest. Die Oberfläche sollte bis 2–3 cm unter den Beetrahmen reichen – das erleichtert das Wässern.

Der Boden muss feucht bleiben, darf aber nicht staunass sein. Gießen Sie möglichst mit Regenwasser. Schaffen Sie sich deshalb am besten eine Regentonne an.

Brombeeren und Hybriden

Die aromatischen Beeren lassen sich kinderleicht kultivieren – ja, es bereitet sogar Schwierigkeiten, sie im Zaum zu halten, weil sie sich so stark ausbreiten. Neben Brombeeren gibt es viele Hybridbeeren wie Taybeeren, Loganbeeren und die Japanischen Weinbeeren. Gezüchtete Sorten der Brombeere sind immer süßer und saftiger als die Wildform.

Netze Sobald die Beeren reif werden, sollte man sie mit Netzen vor Vögeln schützen, die sie sonst blitzschnell naschen.

Kultur

Trotz ihrer Wüchsigkeit brauchen Brombeeren einen geschützten Standort, um viele Früchte zu tragen. Allerdings kommen sie mit kargeren Böden zurecht als die meisten Obstarten und haben auch nichts gegen lichten Schatten. Hybridbeeren dagegen verlangen besseres Erdreich. Vor der Pflanzung baut man eine Stütze, an der man sie festbinden kann – Pfosten mit im Abstand von 40 cm parallel dazwischen gespannten Drähten reichen völlig aus.

◆ **IN TÖPFEN** bekommt man Brombeeren und Hybridbeeren das ganze Jahr im Handel, doch sollte man sie nicht bei extremer Kälte oder Hitze einpflanzen. Wurzelnackte Exemplare gibt es nur im Herbst und Frühjahr zu kaufen. Man pflanzt sie sofort ins Erdreich, da die Wurzeln sonst vertrocknen.

Pflanzung

Ganz gleich, ob Sie wurzelnackte Exemplare oder solche mit Topfballen (*siehe rechts*) gekauft haben: In jedem Fall muss der Boden vor dem Einpflanzen der Sträucher gründlich umgegraben und gejätet werden. Arbeiten Sie bei dieser Gelegenheit auch gleich reichlich organische Substanz ein. Nach dem Pflanzen schneidet man die Ruten auf 20 cm über dem Boden zurück und wässert sie gut. Auch den Sommer über sollte man sie immer gut gießen.

Pflanzloch ausheben Graben Sie ein Loch, das etwas größer ist als der Topf, in dem Sie den Beerenstrauch gekauft haben.

Pflanze herausnehmen Ziehen Sie die Pflanze mitsamt der Erde aus dem Topf und lockern Sie den Wurzelballen etwas.

Einsetzen Stellen Sie die Pflanze so tief ins Loch wie vorher im Topf. Aufgefüllt wird mit einem 50:50-Mix aus Humus und Gartenerde.

Loganbeeren

Taybeeren

Ernte Zupfen Sie die Beeren vorsichtig ab, damit Sie sie nicht zerdrücken.

Kulturtipps

Die meisten Brombeeren und Hybridbeeren haben viele Dornen. Tragen Sie am besten Handschuhe, wenn Sie an den Sträuchern arbeiten.

- **MULCHEN SIE** die Ruten im zeitigen Frühjahr mit reichlich gut verrottetem Stallmist.
- **HAUPT- UND SEITENTRIEBE** schneidet man im zeitigen Frühjahr vor dem Austrieb. Alte Ruten entfernt man nach der Ernte (*siehe rechts*).
- **STRAFFEN SIE DIE STÜTZDRÄHTE** jährlich. Morsche Pfosten werden ausgetauscht.
- **BROMBEEREN** erntet man, sobald die Früchte schwarz sind.

Laufende Pflege

Die Beeren reifen an Seitentrieben, die im Vorjahr frisch herangewachsen sind. Man bindet sie entweder an ein spezielles Gerüst aus Pfosten und Drähten oder zieht sie vor einem Zaun oder einer Mauer.

Anbinden Binden Sie frische Ruten im Sommer an die Stütze. An ihnen bilden sich im kommenden Jahr die Beeren.

Schnitt Alte Ruten werden nach dem Abernten entwirrt und gleich herausgeschnitten.

Verwendung

Für Konfitüren, Kuchen, Desserts oder Säfte. Auch tiefkühlgeeignet.

Alle hier genannten Beeren können ein paar Tage im Kühlschrank aufbewahrt werden. Hat man zu viel des Guten, kann man sie roh oder als Teil einer Süßspeise einfrieren oder zu Konfitüre verarbeiten.

Aus dem Eis Brombeeren & Co. können tiefgekühlt werden. Man friert sie einzeln auf einem Blech ein und gibt sie zusammen in einen Gefrierbeutel.

Brombeer- und Apfelkuchen Eine traditionelle englische Süßspeise mit süßer, zarter Kruste und süßsäuerlicher Füllung. Sie lässt sich problemlos einfrieren.

Brombeeren

Stachelbeeren

Sie denken an saure, haarige grüne Kugeln, wenn von Stachelbeeren die Rede ist? Dann sollten Sie Ihre Meinung ändern. Denn die Beeren sind heute in allerlei Sorten und Farben erhältlich. Lässt man sie richtig ausreifen, gehören sie zu den süßesten und schmackhaftesten Früchten.

'Hinnonmäki Red'

'Careless'

Pflanzung Arbeiten Sie viel organische Substanz in den Boden ein. Wurzelnackte Exemplare werden bis zur Bodenmarke am Stamm in das Erdreich gepflanzt, Topfsträucher so tief wie im Gefäß.

Kultur

Stachelbeeren brauchen feuchte, schwere, nährstoffreiche Böden. Sie verkraften Schatten und lassen sich sogar an Nordwänden ziehen. Meist werden sie als Busch mit offener Mitte auf einem 20 cm hohen Stamm kultiviert, doch kann man sie auch als vertikalen Kordon mit 1,5 m Höhe und 35 cm Abstand zwischen den Trieben bzw. Fächerspalier erziehen.

◆ **SCHNEIDEN SIE** zweimal jährlich: im Frühjahr, um alte, zu zahlreiche und sich überkreuzende Triebe zu entfernen, und im Sommer, um neue Triebe auf fünf Blätter zurückzustutzen.

◆ **WÄSSERN SIE** Stachelbeeren bei ausbleibendem Regen regelmäßig, damit sie nicht den Amerikanischen Stachelbeermehltau (*siehe S. 234*) bekommen. Ein Netz schützt die Früchte vor hungrigen Vögeln.

Ernte Wenn Sie saure Beeren für die Küche brauchen, zupfen Sie sie im Frühsommer ab. Den Rest lässt man ausreifen, um ihn frisch im Hochsommer genießen zu können.

Verwendung

Stachelbeeren: für Früchtecremes, Konfitüren und Kuchen. Johannisbeeren: Für Gelees, Weine und Soßen.

Stachelbeeren und Johannisbeeren halten im Kühlschrank ein, zwei Tage. Man friert sie locker verteilt auf Schalen ein und gibt sie anschließend in Gefrierbeutel. Aus beiden Beeren lassen sich Getränke und Desserts, Konfitüren und Gelees zaubern. Zudem eignen sie sich als Beilage für pikante Speisen.

Stachelbeercreme Gekochte Beeren werden mit Zucker und Schlagsahne gemischt.

Johannisbeeren

Diese Vitaminbomben sind in verschiedenen Farben von Weiß über Rosa und Rot bis Schwarz erhältlich. Weil sie so leicht zu ziehen sind, eignen sie sich gut für Einsteiger.

Josta-beeren

Weiße Johannisbeeren

Rote Johannisbeeren

Schwarze Johannisbeeren

Kultur

Rote, Weiße und Rosa Johannisbeeren werden ebenso kultiviert wie Stachelbeeren (*siehe gegenüber*), also als Büsche mit offener Mitte oder als Fächer bzw. Kordon an Nordmauern.

- **SCHWARZE JOHANNISBEEREN** haben einen etwas anderen Wuchs (*siehe unten*) und brauchen sonnige Standorte in schwerer, nährstoffreicher Erde.
- **SCHNEIDEN SIE** Schwarze Johannisbeeren im Frühjahr und stutzen Sie ein Drittel des älteren Holzes bis zum Boden zurück.
- **VÖGEL** sind ganz wild auf Johannisbeeren. Man schützt die Früchte mit Netzen, die man straff über die Büsche spannt.
- **JOSTABEEREN** sind eine Kreuzung aus Schwarzer Johannisbeere und Stachelbeere. Sie bilden große schwarze, saftige Beeren.

Pflanzung

Schwarze Johannisbeeren werden als mehrtriebige Sträucher oder Hochstamm gepflanzt, Rote, Weiße und Rosa Johannisbeeren mit kurzem Stamm. Schwarze-Johannisbeer-Sträucher setzt man anders als die übrigen Johannisbeeren (*siehe rechts*). Vor dem Pflanzen muss jedoch immer reichlich organische Substanz in den Boden eingearbeitet werden, damit die Gehölze genug Energie finden, um viele frische Triebe zu bilden.

Tief einpflanzen Schwarze Johannisbeeren werden tief gesetzt, damit sich unter der Bodenoberfläche neue Triebe bilden.

Kurzstamm Bei den übrigen Johannisbeeren lässt man ein Stückchen Stamm über der Erde stehen. An ihm bilden sich frische Triebe.

Wässern Gießen Sie gut und mulchen Sie anschließend mit Komposterde, damit der Boden Feuchtigkeit speichert.

Obst

Baumobst & Co.

Äpfel • Birnen • Pflaumen • Obstbäume pflanzen • Kirschen • Pfirsiche und Nektarinen • Aprikosen • Zitrusfrüchte und Mispeln • Feigen • Quitten und Maulbeeren • Weintrauben und Kiwis • Melonen

Äpfel

Weltweit gibt es schätzungsweise 30 000 Apfelsorten, davon in Deutschland über 1000 – da ist für jeden Geschmack etwas dabei. Apfelbäume belohnen Gärtner allerdings nicht nur mit saftigen Herbstfrüchten, sie machen mit ihrem Blütenschmuck auch im Frühjahr viel her. Inzwischen gibt es sogar schon Sorten für den Anbau in Töpfen.

Pflanzung

Apfelbäume können das ganze Jahr gepflanzt werden, die beste Zeit ist jedoch der Herbst, wenn der Boden noch warm ist und der Baum bis zum Frühjahr Zeit zum Einwurzeln hat.

Pflanzloch Nach dem Vorbereiten des Bodens gräbt man ein Loch, das doppelt so breit wie der Wurzelballen ist.

Einpflanzen Bäume mit Wurzelballen werden so tief wie im Topf gepflanzt, wurzelnackte Exemplare bis zur Bodenmarke.

Kultur

Tafeläpfel brauchen einen warmen, geschützten Standort, damit ihre Früchte voll ausreifen. Kochäpfel dagegen kommen auch mit etwas Schatten zurecht. Es gibt verschiedene Methoden, Apfelbäume in beengten Verhältnissen zu ziehen. Am verbreitetsten sind der Kordon- und Spalierschnitt.

- **DER SCHRÄGE KORDON** besteht aus einzelnen Stämmen, die in einem 45°-Winkel geneigt wachsen und mit Kurztrieben auf der gesamten Länge erzogen werden.
- **SPALIERE** bestehen aus mehreren Reihen paralleler, horizontaler Äste.
- **WIE GROSS** ein Apfelbaum wird, hängt von der Unterlage ab. Wo wenig Platz ist, wählt man schwachwüchsige Unterlagen wie M27, M9 oder M26. Fragen Sie in der Baumschule danach.

Stütze Jungbäume brauchen eine Stütze. Man bindet sie an einen Pflock, damit sie aufrecht wachsen.

Bestäubung

Die meisten Sorten brauchen einen anderen Apfelbaum in der Nähe, der sie bestäubt. Beide sollten zur selben Zeit blühen, damit Bienen sie nacheinander anfliegen und die Pollen von einer Blüte zur nächsten übertragen können. Nur so können sich Früchte bilden.

Laufende Pflege

Kordon- und Spalieräpfel schneidet man jährlich im Sommer und kürzt neue Triebe bis auf 1–2 Knospen ein. Frei stehende Bäume schneidet man im Frühjahr, indem man sich überkreuzende und abgestorbene Triebe entfernt. Halten Sie den Bereich um die Gehölze unkrautfrei und wässern Sie bei längerer Trockenheit.

◆ **DÜNNEN SIE** die Früchte aus, wenn sie walnussgroß sind. Pro Büschel bleiben nur ein bis zwei Äpfel stehen.

◆ **ERNTEN SIE** frühe Sorten im Spätsommer, späte im Herbst.

Apfelernte Die Früchte werden abgezupft, indem man sie vorsichtig umfasst und dreht.

‘Bramleys Sämling’

‘Ribston Pepping’

Verwendung

Für Kuchen, Kompott und Mus. Äpfel lassen sich lagern und einfrieren.

Spätäpfel sind lange lagerfähig. Man wickelt sie entweder in Wachspapier und legt sie auf Roste oder locker in Säcke. Wichtig: Sie dürfen keine Verletzungen oder Druckstellen haben, sonst faulen sie. Frühäpfel halten sich nur kurz. Wer eine Apfelschwemme hat, macht sie ein oder legt sie in das Tiefkühlfach, bäckt Kuchen oder presst Apfelsaft.

Lagern Das Einlagern lohnt sich nur bei Spätäpfeln. Ideal ist ein kühler Schuppen oder eine Garage mit niedriger Luftfeuchtigkeit.

Chutneys Apfel-Chutney passt mit seinem säuerlich-süßen Geschmack gut zu Käse wie Cheddar oder Blauschimmelsorten, aber auch zu kaltem Fleisch wie Schinken.

Apfelkuchen Einer der beliebtesten Kuchen. Er wird oft mit Sahne oder Eis serviert. Die Kombination aus süßem Teig und säuerlicher Frucht ist unschlagbar.

Birnen

Birnen haben zu Unrecht einen schlechten Ruf. Sie seien schwierig zu kultivieren, heißt es. Dabei sind sie ein ebenso unkompliziertes Obst wie Äpfel. Sie schmecken himmlisch, haben eine weiche, butterige Konsistenz und eine kaum zu übertreffende Süße. Ziehen lassen sie sich auf engstem Raum. Und an ihren Blüten kann man sich nur schwer sattsehen.

Düngen

Birnen sind hungrige Pflanzen und können einen Langzeitdünger, der über dem Wurzelraum verstreut wird, gut brauchen. Anschließend mulcht man mit Komposterde oder Dung.

Gefäße Kleine Sorten können getrost in Kübeln gezogen werden, müssen dann aber im Sommer täglich gewässert werden. Das Gefäß sollte frostbeständig sein. Alle paar Jahre topft man das Bäumchen um.

Kultur

Birnen brauchen durchlässige Böden und einen warmen Platz in der Sonne, damit ihre Früchte voll ausreifen. Als Frühblüher sind sie frostanfällig – umso wichtiger ist ein geschützter Standort.

◆ **DER BODEN** sollte nährstoffreich sein, weshalb man vor dem Pflanzen eines Birnbaums reichlich organische Substanz einarbeitet. Entscheidet man sich für eine schwach wachsende Unterlage (meist Quitte A oder C), bleibt das Gehölz klein. Birnen lassen sich auch als Kordon oder Spalier ziehen (*siehe S. 208*).

◆ **DIE BLÜTEN** müssen fremdbestäubt werden. Wenn kein zweiter Birnbaum in der Nähe wächst, pflanzt man zwei Sorten, die zur gleichen Zeit blühen.

Laufende Pflege

Kordon- und Spalierbäume sollten im Sommer geschnitten werden, indem man die neuen Triebe auf ein bis zwei Knospen zurückschneidet. Frei stehende Exemplare und Kübelgehölze schneidet man am besten im Frühjahr. Es reicht ein Ausdünnen verdichteter und überkreuzter Triebe.

- **DÜNNEN SIE** die Fruchtbündel im Hochsommer aus, damit die Birnen nicht zu dicht stehen und voll ausreifen können.
- **SCHÜTZEN SIE** Jungbäume durch Abdecken mit Gartenvlies, falls Spätfröste vorhergesagt werden.

Ernte Birnen werden im Spätsommer und Herbst geerntet. Man pflückt sie kurz vor der Vollreife und lässt sie drinnen zu Ende reifen.

Kulturtipps

Birnen sind unkompliziert und brauchen nach dem Pflanzen wenig Aufmerksamkeit. Halten Sie den Wurzelraum unkrautfrei und schneiden Sie die Krone jährlich.

Junifruchtfall Mit diesem natürlichen Phänomen wird der Baum überschüssige Früchte los. Zusätzlich ausgedünnt werden darf erst nach dem Fruchtfall.

Wässern Jungbäume dürfen während der Blüte und dem Fruchtansatz nicht austrocknen. Gießen Sie daher regelmäßig.

Verwendung

Für Kuchen, Obstsalate und andere Desserts und Würzsoßen. Birnen können eingemacht, gelagert oder eingefroren werden.

Birnen reifen rasch nach, behalten Sie sie daher nach dem Ernten im Auge. Spätbirnen werden wie Äpfel in Wachspapier gewickelt (*siehe S. 209*). Zum Einfrieren wählt man reife, aber nicht überreife Exemplare, schält und viertelt sie, taucht sie in Wasser mit Zitronensaft, lässt sie abtropfen, pochiert sie in Sirup und gibt sie mit dem Sirup in die Gefriertruhe.

Birnenkuchen Ein elegantes Dessert zum Abendessen mit Freunden. Birnen bieten sich außerdem zum Pochieren in Wein an und sind zudem Berstandteil von Sommersalaten.

‘Conference’

‘Beth’

‘Hardys Butterbirne’

Japanische Apfelbirne ‘Kosui’

Pflaumen

Die weichen, saftigen Früchte mit der schönen, bereiften Schale sind die Quintessenz des Sommers. Pflaumenbäume brauchen wenig Pflege, aber einen regelmäßigen Schnitt. Sie liefern oft Unmengen von Früchten. Wie ihre nahen Verwandten, die Renekloden, gehören sie zu den süßesten Obstköstlichkeiten, die man sich vorstellen kann. Zwetschgen sind kleiner und ideal für Kuchen und Konfitüren.

'Merryweather Damson'

Topfkultur Pflaumenbäume gedeihen problemlos in Töpfen, man muss jedoch für einen ausreichenden Wasserabzug sorgen. In Hitzeperioden sollte man sie täglich wässern.

Kultur

Pflaumen brauchen einen warmen, sonnigen Standort mit stark durchlässigem Boden. Man weist ihnen einen geschützten Platz zu, da die früh erscheinenden Blüten anfällig für Spätfröste sind. Weil sie in nährstoffreichen Böden am besten gedeihen, arbeitet man vor dem Pflanzen reichlich organische Substanz ein.

- **PFLAUMENBÄUME** können frei stehend oder als Fächer erzogen werden. Sie eignen sich jedoch nicht als Kordon- und Spalierbäume.
- **'PIXY'** ist eine schwach wachsende Unterlage für Pflaumen.
- **DIE MEISTEN PFLAUMENSORTEN**, darunter 'Victoria', sind selbstbefruchtend. Man braucht also nur einen Baum.

Ausdünnen Dünnen Sie die kleinen grünen Früchte im Hochsommer auf etwa 5 cm Abstand aus, damit der Rest voll ausreifen kann.

'Cambridge Gage' 'The Czar' Reneklode 'Victoria' 'Opal'

Einpflanzen

Ein gesunder Baum liefert mindestens 30 Jahre lang Früchte. Deshalb sollte man den Boden vor dem Pflanzen gründlich vorbereiten. Graben Sie den Bereich gut um und brechen Sie verdichtete Stellen auf, da sie Wasser schlecht durchlassen und das Wachstum des Baums beeinträchtigen. Meist befinden sie sich direkt unter dem Oberboden.

Einpflanzen Graben Sie ein Loch und pflanzen Sie den Baum so tief wie vorher im Topf.

Auffüllen Füllen Sie das Loch mit einem 50:50-Mix aus dem Aushub und Komposterde.

Wässern Befestigen Sie den Baum an einer stabilen Stütze und wässern Sie ihn gründlich.

Laufende Pflege

Pflaumen schneidet man im Frühjahr und Sommer. Schneiden Sie sie nicht zu früh im Jahr, da sie sonst anfällig für Krankheiten wie Bleiglanz und Bakterienbrand werden. Am besten schneidet man regelmäßig jedes Jahr und entfernt dabei krankes, verletztes und sich überkreuzendes Holz.

◆ **MAN SCHÜTZT** die Blüten junger Bäume, indem man sie bei Frostgefahr mit Vlies abdeckt. Tagsüber muss das Vlies aber entfernt werden, damit Bestäuber zu den Blüten gelangen.

Ernte Pflaumen sind erntereif, sobald sie weich werden. Früchte an ein und demselben Baum reifen unterschiedlich schnell, weshalb man ihren Zustand öfter prüfen sollte. Lassen Sie den Stiel an der Frucht.

Verwendung

Für Konfitüre, Mus, Kuchen und Desserts. Pflaumen lassen sich einfrieren.

Pflaumen halten nicht sonderlich lang und sollten so schnell wie möglich gegessen, eingemacht oder eingefroren werden. Am besten schmecken sie allerdings frisch vom Baum. Im Kühlschrank kann man sie einige Tage zwischenlagern. Zum Einfrieren gibt man sie auf ein Blech in die Tiefkühltruhe und füllt sie später in Gefrierbeutel.

Konfitüre & Co. Ob Chutney, Mus oder Konfitüre, Pflaumen können auf vielerlei Arten haltbar gemacht werden. Eine besonders gesunde Nascherei sind getrocknete Pflaumen.

Crumble Aus Pflaumen lässt sich ein unschlagbares Crumble zaubern. Wer es säuerlicher mag, verwendet Kriechenpflaumen.

'Santa Rosa'

Mirabelle

'Marjorie's Seedling'

Projekt
Obstbäume pflanzen

Ein Obstbaum macht einen Nutzgarten interessant, strukturiert ihn und liefert jede Menge köstlicher Früchte. Vor dem Pflanzen muss man aber prüfen, ob er nicht in Zukunft zu viel Schatten auf das eigene oder ein Nachbargrundstück werfen wird. Er sollte nicht zu groß werden und eine Sorte tragen, die Ihnen besonders gut schmeckt.

Wurzelnackt

Wurzelnackte Gehölze gibt es während der Vegetationsruhe zwischen Herbst und Spätwinter zu kaufen. Sie haben keinen Topfballen und müssen gleich nach dem Kauf ins Freiland oder vorübergehend in einen Topf gepflanzt werden.

Heister Jungbäume mit geradem Haupttrieb und mehreren Seitenästen, aber noch ohne Krone werden im Fachhandel oft als Heister bezeichnet.

MATERIAL & WERKZEUG

- Bäumchen, Komposterde
- Spaten, Pflock, Baumband, Vorschlaghammer, Nagel

Schritt 2

Schlagen Sie den Pflock vor dem Pflanzen ein, um die Wurzeln nicht zu verletzen.

Schritt 1

Legen Sie einen Spaten über das Loch. An ihm können Sie die Bodenmarke ausrichten. Der Baum muss so tief gepflanzt werden wie zuvor in der Baumschule.

1 Graben Sie ein Pflanzloch. Es muss so tief sein, dass die Bodenmarke am Jungbaum mit der Oberfläche abschließt.

2 Schlagen Sie als Stütze für den Baum einen stabilen Pflock etwa 60 cm tief in das Erdreich.

Die Veredelungsstelle, eine Verdickung im Stamm, muss sich immer über dem Boden befinden.

Mischen Sie Komposterde im Verhältnis 1:1 in den Aushub, bevor Sie ihn wieder in das Pflanzloch füllen. Erde festtreten.

Binden Sie den Stamm mit einem Baumband am Pflock fest. Ein Nagel verhindert, dass das Band nach unten rutscht.

3 Stellen Sie den Baum wieder ins Loch und füllen Sie es so mit Erde, dass keine Lufteinschlüsse um die Wurzeln bleiben.

4 Drücken Sie die Erde fest, aber ohne sie zu sehr zu verdichten.

5 Binden Sie den Stamm mit einem gepolsterten Baumband an den Pflock. Es verhindert, dass der Stamm am Pflock reibt.

Gut wässern und zum Schluss den Wurzelraum mit gut verrotteter Komposterde mulchen.

Pflanzung

In Töpfen verkaufte Exemplare können das ganze Jahr gepflanzt werden. Wurzelnackte Gehölze hingegen sind nur von Oktober bis Februar erhältlich. Man sollte sie nach dem Kauf so früh wie möglich einsetzen.

Tiefe Topfware wird so tief gepflanzt, wie sie vorher im Topf gestanden hat. Wurzelnackte Gehölze kommen bis zur Bodenmarke in die Erde.

Auffüllen Füllen Sie das Pflanzloch nach dem Setzen wieder mit dem Aushub. Mischen Sie aber vorher Kompost und etwas Langzeitdünger in die Erde.

Stützen Befestigen Sie den Stamm mit einem Baumband an einem Pflock. Gutes Wässern fördert das Einwachsen.

Kirschen

Ein mit saftig roten Kirschen behängter Baum macht nicht nur den Mund wässerig, sondern lässt sich auch als Ziergewächs kaum toppen. Man braucht nicht einmal viel Platz dafür: Heute gibt es Kirschbäume für jeden noch so kleinen Garten. Ihre Früchte garantieren Genuss, ob als Süßkirschen frisch vom Zweig oder Sauerkirschen für die Küche.

Kultur

Süßkirschen brauchen einen sonnigen Platz, sonst reifen sie nicht aus. Sauerkirschen hingegen kommen auch mit Schatten zurecht und lassen sich sogar als Fächer an Nordmauern erziehen. Früher brauchte man für Kirschen einen großen Garten, dank neu entwickelter schwachwüchsiger Unterlagen wie Colt oder Gisela 5 aber kann man sie heute auch auf beengterem Raum kultivieren.

Vlies Schützen Sie Kirschblüten im Frühjahr mit einer Abdeckung aus Vlies, falls Frost vorhergesagt ist.

◆ **MODERNE KIRSCHSORTEN** sind meistens selbstbefruchtend. Das bedeutet, dass man für eine Befruchtung nur einen einzigen Baum braucht und nicht zwei pflanzen muss. Achten Sie beim Kauf auf die Angaben auf dem Etikett.

Laufende Pflege

Süß- und Sauerkirschen werden im Frühjahr und Sommer geschnitten, nicht jedoch bei Kälte und Regenwetter, da sie sich dann leicht Krankheiten wie Bleiglanz und Bakterienbrand einfangen. Stutzen Sie Süßkirschen nur minimal – es reicht, überlange Zweige zu kürzen. Ein Viertel der Zweige, die Früchte getragen haben, wird bis zum nächsten Zweig zurückgeschnitten. Auch totes und verletztes Holz muss weg.

◆ **WÄSSERN SIE** Jungbäume in den ersten Jahren im Sommer wöchentlich. Auch ein Langzeitdünger im zeitigen Frühjahr mit anschließendem Mulchen des Wurzelraums tut ihnen gut.

◆ **JÄTEN SIE** um den Ansatz von Jungbäumen herum, damit das Unkraut den Gehölzen keine Nährstoffe wegnimmt. Während der Blüte legt man bei Frostgefahr Vlies über die Krone.

◆ **GEERNTET WIRD** mit einer Bastel- oder Gartenschere, damit die Stiele an der Frucht bleiben.

Ernte Halten Sie die Kirschen während des Abschneidens fest, damit sie nicht auf den Boden fallen und verletzt werden.

Netze

Nicht nur Menschen, auch Vögeln schmecken die süßen Früchte. Um zu verhindern, dass sie sich gütlich an Ihren Kirschen tun, legen Sie über kleine Bäume am besten ein Netz, das von Stäben über der Krone gehalten wird.

Fixieren Das Netz wird mit Klammern am Boden befestigt, damit keine Vögel darunter hindurchschlüpfen können.

'Morello'

Verwendung

Für Kuchen, Konfitüren, Soßen und Säfte. Kirschen kann man in Weinbrand, Wodka und Rum einlegen oder entsteinen und einfrieren.

Die Kirschsaison ist kurz, weshalb man die Früchteschwemme in dieser Zeit nutzen muss. Kirschen halten sich im Kühlschrank etwa eine Woche, können aber auch bis zu zwölf Monate tiefgefroren werden. Dazu entsteint man sie zuerst (*siehe rechts*), friert sie auf einem Blech einzeln ein, füllt sie in einen Gefrierbeutel und gibt sie darin erneut in die Tiefkühltruhe.

Beschwipst Kirschen in Weinbrand dürfen in keinem Einmachregal fehlen. Sie eignen sich zum Kochen, Backen oder als Dessert mit Eis.

Entsteinen Kirschen sollten vor dem Einfrieren entsteint werden, damit man sie nach dem Auftauen gut für Desserts, Soßen oder Kuchen verwerten kann. Es gibt inzwischen im Handel viele Geräte, mit denen das Entfernen des Kerns relativ leicht und schnell vonstattengeht.

Pfirsiche und Nektarinen

Die beiden herrlich saftigen Früchte unterscheiden sich kaum und werden auch im Anbau gleich behandelt. Sie sind selbstbefruchtend, sodass man mit einem einzigen Baum auskommt. Viele moderne Sorten brauchen zudem wenig Platz. Kurzum: Pfirsiche und Nektarinen sind leichter zu ziehen, als man glaubt.

Schutz Die empfindlichen Blüten müssen im Frühjahr vor strengem Frost geschützt werden. Erfrieren sie, fruchten sie überhaupt nicht.

Schnitt Pfirsiche und Nektarinen fruchten an vorjährigen Trieben. Daher entfernt man im Sommer das Holz, das bereits Früchte getragen hat.

Kultur

Pfirsiche und Nektarinen brauchen warme, sonnige Standorte und Schutz vor strengem Frost. Meistens pflanzt man sie deshalb vor Südmauern.

- **KAUFEN SIE** ein- oder zweijährige Topfexemplare. Wichtig: Sie sollten auf schwachwüchsige Unterlagen veredelt worden sein.
- **GESCHNITTEN** wird – da beide Arten empfindlich sind – im späten Frühjahr und im Sommer.
- **DECKEN SIE** die Pflanzen im Winter und Vorfrühling mit wasserdichter Folie ab, damit sie sich nicht mit der Kräuselkrankheit infizieren. Die Blüten schützt man mit Vlies vor Frost.

'Lord Napier'

'Red Haven'

Ausdünnen

Die unreifen Früchte sollten ausgedünnt werden, damit die verbleibenden ausreifen können und die Zweige nicht unter dem Gewicht brechen. Tragen sie zu reichlich, kann außerdem die Ernte im nächsten Jahr ausbleiben.

Erstes Ausdünnen Sobald die Früchte haselnussgroß sind, dünnt man sie auf 10 cm aus.

Zweites Ausdünnen Sind sie walnussgroß, werden sie endgültig auf 20 cm ausgedünnt.

Aprikosen

Wer einmal frische Aprikosen gekostet hat, dem schmecken gekaufte nicht mehr. Die eng mit Pfirsichen verwandten Früchte sind nicht unproblematisch, doch gibt es inzwischen weniger frostanfällige Züchtungen. Sorten auf schwach wachsenden Unterlagen sind für Kleingärten ideal.

Kultur

Aprikosen gedeihen als Fächer vor Südmauern am besten. Als frei stehender Baum lassen sie sich in unserem Klima bestenfalls an sehr geschützten Plätzen ziehen. Sie brauchen jedoch an allen Standorten: nährstoffreiche, schwere Böden und viel Sonne.

- **PFLANZEN SIE** Aprikosen im Frühjahr oder Herbst. Wässern Sie sie im ersten Jahr nach der Pflanzung immer gut.
- **FÄCHERBÄUME** erzieht man an parallel gespannten Drähten.
- **SCHÜTZEN SIE** die Blüten mit Gartenvlies, wenn Frosteinbrüche zu erwarten sind.

Wespenfalle Hängen Sie Wespenfallen in den Baum, damit die Insekten nicht die kostbaren Früchte anfressen.

Verwendung

Für Soßen, Pürees, Sorbet, Obstkuchen, Konfitüren, Fruchtpasteten und Kompott.

Pfirsiche, Nektarinen und Aprikosen schmecken frisch vom Baum fantastisch, halten sich aber auch einige Tage im Kühlschrank. Man kann sie bis zu 12 Monate einfrieren. Dazu entfernt man die Steine, pochiert sie in einer Zuckerlösung und friert sie darin auch ein.

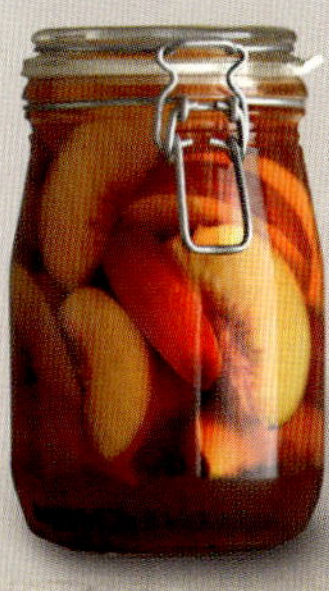

Eingelegt Alle Steinfrüchte lassen sich in Alkohol einlegen. Sie sind dort bis zu 12 Monate lang haltbar.

Konfitüre Sowohl Pfirsiche als auch Nektarinen und Aprikosen ergeben eine köstliche Marmelade. Zum Einmachen braucht man Pektin.

Aprikose

Erziehung und Schnitt

Wie alle Steinfrüchte sollten auch Aprikosen im Sommer geschnitten werden. Schneidet man zu früh, werden sie durch die offenen Wunden anfällig für Krankheiten wie Bleiglanz (*siehe S. 236*).

Auslichten Im Frühjahr lichtet man zu dichten Wuchs aus, indem man einige junge Triebe abzwickt, sodass zwischen ihnen etwa 10 cm Platz bleibt.

Anbinden Im Hochsommer bindet man einige neue Triebe an Drähte an. Sie bilden das Gerüst und liefern im nächsten Jahr Früchte.

Stutzen Im Spätsommer kürzt man einige der neuen Triebe so weit zurück, dass nur noch etwa drei Blätter bleiben.

Zitrusfrüchte und Mispeln

Für das Freiland sind Zitruspflanzen in unseren Breiten nicht geeignet. Dennoch lohnt es sich, sie im Topf zu ziehen, denn mit ihrem hübschen immergrünen Laub, den duftenden Blüten und ihren Früchten machen sie das ganze Jahr Freude. Auch Mispeln haben einen hohen Zierwert und liefern eine feine Konfitüre.

Mispeln Sie sehen aus wie eine Kreuzung aus Äpfeln und Hagebutten. Damit sie schmecken, müssen sie überreif sein.

Mispelblüten Schon allein wegen der hübschen rosa getönten Blüten lohnt es sich, Mispeln zu kultivieren.

Kultur

◆ **BEIM KAUF** von Zitrusbäumen sollte man sich relativ robuste Sorten wie Meyer's Zitrone oder Kaffirlimetten aussuchen. Sie werden in Töpfen gezogen und vertragen auch einmal kühlere Temperaturen knapp über dem Gefrierpunkt und können ab April oder Mai nach draußen gestellt werden. Man schneidet sie nur, um krankes oder abgestorbenes Holz zu entfernen. Die Früchte sind erntereif, sobald sie weich werden und angenehm duften.

◆ **MISPELN** lassen sich als kleine Bäume oder Büsche ziehen. Wählen Sie Sorten, die auf Quittenunterlagen veredelt wurden. Vor dem Pflanzen arbeitet man gut verrotteten Dung oder Kompost in den Boden ein. Weil Mispeln selbstbefruchtend sind, reicht ein Baum aus, um Früchte zu bekommen. Die Pflanzen brauchen einen warmen, geschützten Standort, vertragen aber auch leichten Schatten. Sie werden im Frühjahr wie Äpfel geschnitten, ältere Exemplare sollte man aber in Ruhe lassen. Jungbäume sind für eine Mulchschicht im Frühjahr dankbar.

Verwendung

Für Quark, Marmelade, Gelees, Getränke und Kuchen.

Zitrusfrüchte halten sich im Kühlschrank Wochen, können aber auch am Baum bleiben. Mispeln lässt man überreif werden, erst dann schmecken sie angenehm süß. Man kann sie ebenfalls am Baum lassen oder in Sägemehl lagern.

Zitronencreme Das süße Dessert hält sich zwei Wochen lang im Kühlschrank.

Eingelegte Zitronen Diese Spezialität kommt in der nahöstlichen und marokkanischen Küche zum Einsatz.

Limette

Zitrone

Feigen

Feigen verbindet man vor allem mit südlichen Ländern, dabei vertragen sie mehr Kälte, als man meint, und halten in milden Gegenden an geschützten Standorten sogar im Freiland aus. Sie fruchten auch in unseren Breiten oft ein zweites Mal, diese Früchte reifen aber meist nicht aus.

Eng Pflanzen Sie Feigen in Löcher mit Platten als Auskleidung. Wird es den Wurzeln eng, fruchtet der Baum besser.

Kultur

Feigen gedeihen bei uns nur im Weinbauklima im Freien. Sie brauchen einen warmen, geschützten, vollsonnigen Platz. Man zieht sie meist als Fächer an Südmauern oder als Hochstamm in Töpfen.

- **GESCHNITTEN** werden sie im Frühjahr, indem man älteres Holz herausnimmt. Im Sommer kürzt man diesjährige Triebe.
- **JUNGE EXEMPLARE** werden im Winter mit Vlies abgedeckt, Topfexemplare zur Not auch einmal auf die Veranda oder in den Schuppen gestellt, falls strenge Fröste drohen.
- **ERNTEN SIE** die Früchte, sobald sie weich werden und fallen.

Verwendung

Für Kuchen, Desserts, Kompott oder Salate. Auch zum Einmachen oder Trocknen.

Getrocknet Feigen lassen sich bei schwacher Hitze im Ofen trocknen. Danach friert man sie vier Tage ein. Nach dem Auftauen halten sie einige Wochen.

Reife Feigen verderben im Nu und sollten so bald wie möglich gegessen werden – im Kühlschrank halten sie höchstens zwei Tage. Feigenkonfitüre schmeckt lecker und ist schwer aufzutreiben. Man kann die Früchte auch als Ganzes einfrieren.

Vielseitig Feigen eignen sich für pikante und süße Speisen. Gut zu Parmaschinken oder Blauschimmelkäse.

Feige

Laufende Pflege

Feigen fruchten besser, wenn man ihren Wurzelraum beengt. Man zieht sie deshalb in Töpfen oder Pflanzlöchern mit 60 cm Durchmesser und Platten als Begrenzung. Gepflanzt werden sie im Frühjahr oder Herbst.

Früchte im Herbst entfernen Unreife Früchte, die größer als eine Erbse sind, werden im Herbst abgezupft, denn sie überstehen den Winter nicht.

Wildtriebe abschneiden Feigen bilden am Stammansatz oft Wildtriebe. Man zwickt sie mit der Gartenschere ab, sobald man sie sieht.

Fruchtfall Nicht verzweifeln, wenn die Bäume im Herbst Früchte abwerfen. Das ist eine natürliche Reaktion und lässt die verbliebenen Früchte umso besser reifen.

Quitten

Quitten findet man nicht sonderlich häufig, dabei nehmen sie sich mit ihren Frühlingsblüten und den gelben, birnenförmigen Herbstfrüchten ausgesprochen dekorativ aus. Roh kann man sie nicht essen, doch gekocht schmecken sie hervorragend. Die kleinen bis mittelgroßen Bäume tragen erst nach Jahren Früchte.

Blüten Die schönen weißen bis rosa überlaufenen Blüten erscheinen zur Frühjahrsmitte und bringen willkommene Farbtupfer in den Nutzgarten.

Verwendung

Für Gelees, Konfitüren, Kompott, Quittenkäse, Kuchen und Schnaps.

Quitten duften einnehmend und lassen sich gut lagern. Man legt die unbeschädigten Früchte auf Schalen und lagert sie kühl, trocken und dunkel; sie dürfen sich nicht berühren und halten etwa drei Monate. Quitten können nur gekocht verzehrt werden.

Quittenkäse Ein festes Gelee, das zu kaltem Fleisch und Käse serviert wird. Es hält sich bis zu einem Jahr.

Kultur

Quitten mögen nährstoffreiche, durchlässige Böden an warmen, geschützten Plätzen. Weil Spätfröste ihren Blüten den Garaus machen und die Ernte danach ausfällt, pflanzt man die Bäume nicht in Frostsenken. Sie werden rund vier Meter hoch und brauchen deshalb etwas Raum. Bei der Standortwahl berücksichtigt man, dass sie viel Schatten werfen. Quitten sind selbstbefruchtend, tragen aber besser, wenn ein zweiter Baum in der Nähe steht.

- **WÄSSERN SIE** frisch gepflanzte Exemplare bei Trockenheit gut.
- **DIE FRÜCHTE** sitzen einzeln an den Spitzen von vorjährigen Trieben und sollten so lange am Baum bleiben wie möglich. Man erntet am besten kurz vor den ersten Herbstfrösten.
- **BEIM SCHNEIDEN** entfernt man einen Teil des älteren Holzes, um die Bildung frischer, im nächsten Jahr fruchtender Triebe zu fördern.

Fruchtschmuck Quitten tragen im Herbst reichlich und sind daher ein dekoratives Element, das besonders in einer Gartenecke gut aufgehoben ist.

Quitte

Maulbeeren

Die Bäume liefern süße, himbeerartige Früchte. Sie gedeihen bei uns allerdings nur in warmen Regionen mit Weinbauklima. Wegen ihrer Größe eignen sich die bis zu 10 m hohen Gehölze nur für ausgedehnte Gärten. Bis sie Früchte tragen, können acht Jahre vergehen.

Kultur

Maulbeeren mögen feuchte, durchlässige Böden an einem warmen, sonnigen, geschützten Standort. Sie sind selbstbefruchtend, sodass ein einziger Baum genügt. Gepflanzt werden Maulbeeren im Spätherbst oder Frühjahr.

- **MULCHEN SIE** den Wurzelraum von Jungbäumen mit verrottetem Stallmist. Auch ein Langzeitdünger im Frühjahr tut ihnen gut.
- **GESCHNITTEN** wird erst, wenn die Bäume austreiben – sie vertragen den Schnitt dann besser und das Infektionsrisiko ist geringer. Man entfernt verletzte oder überkreuzte Zweige.
- **ERNTEN SIE** die voll ausgereiften Früchte im Spätsommer. Vorsicht: Die Beeren sind recht empfindlich und färben stark.

Schwarz oder weiß?

Es gibt Maulbeeren mit hellen und dunklen Früchten. Beide Formen sind zwar genießbar, doch schmecken die dunklen Früchte der Schwarzen Maulbeere wesentlich besser. Die Weiße Maulbeere wird am besten als Ziergehölz kultiviert.

Weiße Maulbeere Sie wird vor allem wegen ihres Zierwerts gezogen. Früher kultivierte man sie außerdem vor allem als Nahrung für Seidenraupen.

Schwarze Maulbeere Sie trägt die besten Früchte: dunkle, saftige Beeren mit intensivem Geschmack. Allerdings gedeiht sie nur in sehr milden Gegenden.

Verwendung

Für Gelees, Konfitüren, Obstsalate, Kuchen und Gebäck. Auch zum Würzen von Gin.

Maulbeeren genießt man am besten frisch, sie halten sich im Kühlschrank aber ein paar Tage. Die rohen Beeren lassen sich nicht einfrieren, da sie nach dem Auftauen matschig werden. Maulbeerkuchen und -desserts dagegen kann man tiefgefrieren.

Konfitüre Aus den Beeren kann man, solo oder mit anderen Früchten wie Äpfeln, Erdbeeren und Himbeeren gemischt, eine feine Marmelade kochen.

Wein Der mit Traubensaftkonzentrat gemischte Saft ergibt, vergoren und gelagert, einen süffigen Obstwein.

Trauben

‚Blauer Trollinger'

Lust auf Wein aus eigenem Anbau? Wer einen Garten in einer Lage mit Weinbauklima besitzt, kann sich als Winzer betätigen. Denn Reben bringt man gut auf engem Raum unter, weil sie Kletterpflanzen sind. In kühleren Regionen kann man Tafeltrauben, wenn man ein Gewächshaus besitzt, unter Glas ziehen.

Laufende Pflege Reben lassen sich einfach ziehen, doch sollte man sie im Frühjahr mit Stickstoffdünger nähren. Jungpflanzen bei Trockenheit wässern.

Kultur

Reben brauchen sonnige, geschützte Plätze, damit ihre Trauben ausreifen. Zum Glück stellen sie keine großen Ansprüche an das Erdreich, sondern wachsen fast überall – von den Kalkböden der französischen Champagne bis zu den nährstoffreichen Böden im australischen Barossa Valley.

◆ **LEGEN SIE** in Ihrem Garten einen Miniweinberg an, indem Sie Reben mit je 1 m Abstand in Reihen setzen, zwischen denen Sie 1,5 m Platz lassen. Gepflanzt wird im Frühjahr oder Herbst.

◆ **REBEN** sind Kletterpflanzen und brauchen eine Stütze in Form horizontal gespannter, parallel verlaufender Drähte, an denen sich ihre Ranken festhalten können. Man kann sie aber auch an Pergolen und Bögen bzw. als Sichtschutz ziehen.

‘Chardonnay’

Schnitt

Reben sind sehr wüchsige Gehölze und brauchen einen regelmäßigen Schnitt im Frühjahr, sonst werden sie schnell zu groß und unansehnlich. Auch im Sommer schneidet man sie leicht zurück, indem man neue Triebe bis auf fünf Blätter einkürzt.

Erstschnitt Gleich nach dem Pflanzen werden Reben bis auf 30 cm über dem Boden gekürzt.

Frühjahrsschnitt Man schneidet neue Triebe im Frühjahr auf zwei Knospen zurück.

Ausdünnen

Weintrauben brauchen nicht ausgedünnt zu werden, da sie feste, dichte Büschel bilden, die man gut zu Wein pressen kann. Tafeltrauben hingegen profitieren vom mühseligen Auslichten, denn dadurch können die einzelnen Beeren zu voller Größe heranreifen und eine optimale Süße entwickeln. Zudem verhindert das Ausdünnen, dass die Äste unter dem Gewicht der schweren Früchte brechen.

Blüte Vor der Blüte erscheinen winzige Knospen. Halten Sie die Blütenstände trocken, um den Fruchtansatz zu fördern.

Ausdünnen Mit einer Schere kann man die Trauben ausdünnen, indem man ungewöhnlich kleine und kranke Beeren entfernt.

Ausgelichtet Etwa ein Drittel der Beeren sollte man in der Traube lassen. So bleibt ihnen Platz, sich zu entwickeln.

Ernte

Trauben haben eine lange Reifezeit. Auch wenn sie schon durchscheinend aussehen und sich weich anfühlen, sind sie oft noch nicht ganz entwickelt. Ob sie reif sind, stellt man fest, indem man einzelne Beeren herauszupft und probiert. Schmecken sie säuerlich, lässt man sie noch am Stock.

Kiwis

In milden Gegenden kann man sich durchaus einmal am Anbau von Kiwifrüchten versuchen. Aber Vorsicht: Die Pflanzen wuchern und brauchen daher eine stabile Kletterhilfe. Viele Sorten fruchten nur, wenn männliche und weibliche Pflanzen nahe beieinander stehen. Moderne Züchtungen wie 'Jenny' sind jedoch selbstbefruchtend. Völlig winterhart ist 'Weiki'.

Ernte Kiwis reifen spät und sollten noch vor dem ersten Frost geerntet werden. Sie reifen aber auch nach dem Ernten im Obstkorb nach.

Kiwi

Verwendung

Für Wein, Gelee, Kuchen und Obstsalate.

Trauben werden am besten bald nach der Ernte verwertet, obwohl sie sich im Kühlschrank ein paar Tage halten. Man kann sie sogar einfrieren und noch halb gefroren aus der Kühltruhe naschen oder ganz auftauen, muss sie aber dann zu Konfitüren oder Gelees verarbeiten, da sie matschig werden.

Keltern Wer Wein bereiten will, muss die Trauben zuerst mit einem Kartoffelstampfer pressen.

Wein, selbst gemacht Eigenen Wein zu bereiten macht viel Spaß. Man braucht dazu gar keine aufwendigen Gerätschaften.

Traubengelee Trauben lassen sich gut zu Gelee anstelle von Konfitüre verarbeiten.

Melonen

Melonen sind die vielleicht süßesten Früchte der Welt. Damit sie ein saftiges, zartes Fleisch entwickeln, brauchen sie viel Wärme. Bei uns kann man einige robuste Sorten bestenfalls in sehr warmen Lagen oder besser im Gewächshaus ziehen. Honigmelonen haben festes, gelbes Fleisch, Cantaloupe-Melonen orangefarbenes Fleisch und Netzmelonen eine grüne, netzartig gemusterte Schale.

Manschette Legt man eine Manschette um den Trieb, kann man die Pflanze wässern, ohne dass sie selbst nass wird. Das verringert das Krankheitsrisiko.

Bestäubung Melonen tragen männliche und weibliche Blüten an einer Pflanze. Weibliche Blüten haben eine Verdickung am Ansatz. Man fördert die Bestäubung, indem man männliche Blüten abzupft und in die weiblichen drückt.

Kultur

Melonen können als Jungpflanzen gekauft oder im Frühjahr aus Samen gezogen werden. Bei der Freilandkultur gräbt man den Boden vorher um und arbeitet reichlich gut verrottete organische Substanz ein.

- **HÄRTEN SIE** die Pflänzchen ein paar Tage lang im Frühbeet oder auf der Veranda ab, bevor Sie sie nach dem letzten Frost ins Freie setzen. 60 cm Abstand sind ratsam.
- **MELONEN** können auch in Pflanzsäcken (mit nicht mehr als zwei Exemplaren pro Sack) oder 30-cm-Töpfen kultiviert werden.

Aussaat

Melonen werden unter Glas ausgesät, da sie bei einer Freilandaussaat unzuverlässig keimen. Will man sie auch später im Gewächshaus oder unter Folienabdeckungen weiterziehen, sät man sie im zeitigen Frühjahr aus. Für das Freiland bestimmte Exemplare hingegen werden in der zweiten Frühjahrshälfte ausgesät. Nicht alle Sorten eignen sich in unseren Breiten für die Freilandkultur – das Lesen der Hinweise auf den Samenpäckchen lohnt sich also.

Aussaat Kleine Töpfe mit Einheits- oder Saaterde füllen, Erde andrücken und vor dem Aussäen der vier Samen pro Topf wässern. Samen mit Erde bedecken.

Abdeckung Einen durchsichtigen Plastikbeutel über den Topf stülpen. Töpfe in ein warmes Gewächshaus oder auf ein helles Fensterbrett drinnen stellen.

Kultur Nach dem Keimen die Sämlinge ein paar Wochen lang unter Glas wachsen lassen. Später ausdünnen und nach Bedarf in größere Gefäße umtopfen.

Pflanzung

Melonen sind hungrige, wüchsige Pflanzen und brauchen nährstoffreiche, feuchtigkeitsspeichernde Böden. Wichtig ist ferner eine stabile Stütze oder genug Raum, wenn sie auf dem Boden liegend wachsen. Genauso gut aber lassen sie sich in Gefäßen ziehen, die man am günstigsten Standort platzieren kann, doch brauchen sie darin reichlich Wasser.

Boden vorbereiten Graben Sie den Boden vor dem Bepflanzen um und reichern Sie ihn mit organischer Substanz an.

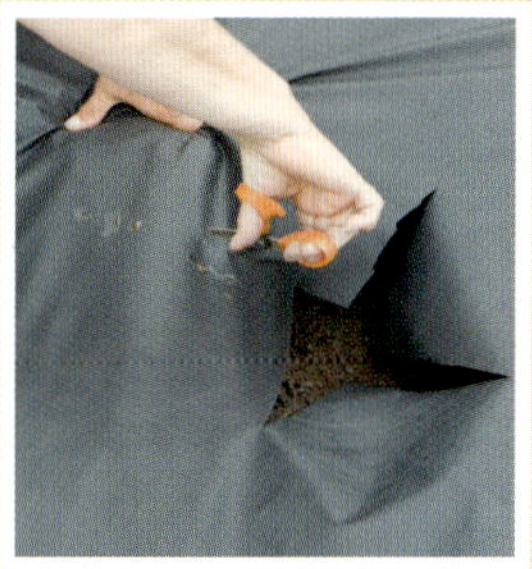

Folie auslegen Um die Erde zu erwärmen und Unkraut zu unterdrücken, legt man Folien aus und pflanzt die Melonen durch Schlitze.

Saubere Früchte Werden Melonen in die Folienlöcher gepflanzt, liegen die Früchte nicht direkt auf dem Boden und bleiben sauber.

Laufende Pflege

Melonen kann man über den Boden kriechend wachsen lassen, doch an vertikalen Stützen gezogen nehmen sie kaum Platz weg und sind auch weniger anfällig für Schädlingsbefall. Binden Sie die Triebe sukzessive an Stützen aus Stäben und Schnüren.

- **DÜNNEN SIE** die Früchte aus, sobald sie golfballgroß sind, und lassen Sie nur vier pro Pflanze übrig. Gut wässern und düngen.
- **AUF DEM BODEN** liegende Früchte sollten mit Stroh oder Holz unterlegt werden, damit sie auf der feuchten Erde nicht faulen.
- **GEERNTET WIRD**, sobald die Melonen im Sommer süß duften.

Stütze Zieht man Melonen an senkrechten Gerüsten, sollte man die Früchte extra stützen, damit die Triebe nicht brechen. Sobald sie etwa handballgroß sind, legt man sie in eine an der Stütze befestigte Schlinge oder ein Netz.

Verwendung

Für Obstsalate, Sorbets, Smoothies oder roh in Stücke geschnitten.

Reife Melonen können im Kühlschrank aufbewahrt werden und halten ungeöffnet bis zu fünf Tage. Nach dem Zerschneiden sollte man sie binnen drei Tagen aufbrauchen, aber zusätzlich in Folie wickeln, damit das Fleisch nicht austrocknet. Sie werden am besten frisch als Schnitten genossen.

Tipps
für die Pflanzenpflege

Pflanzengesundheit

Gartenneulinge fühlen sich oft überfordert, wenn von der Bekämpfung von Schädlingen und Krankheiten oder vom Schossen die Rede ist. Dabei reichen oft wenige Informationen, um sich gegen solche Probleme zu wappnen. Viel hilft schon eine genaue Beobachtung und gute Pflege der Pflanzen, um bei ersten Anzeichen eingreifen zu können.

So halten Sie Ihre Pflanzen gesund

Vorbeugen ist besser als heilen – das gilt auch im Garten. Wenn Sie Ihre Pflanzen gesund halten, vermeiden Sie viele Probleme.

- **WÄSSERN SIE** während der Saison regelmäßig und düngen Sie Ihre Pflanzen, damit sie nicht schossen (*siehe rechts*). Eine Mulchschicht hilft Feuchtigkeit speichern und unterdrückt Unkraut.
- **HALTEN SIE** Ihren Garten unkrautfrei, um Nährstoffkonkurrenz zu vermeiden. Durch regelmäßiges Hacken zwischen den Reihen wird man einjährige Unkräuter los. Mehrjährige dagegen muss man mitsamt der Wurzeln ausgraben.
- **MIT EINEM SCHNITT** befreit man Gehölze von krankem Holz und verbessert die Luftzirkulation zwischen den Trieben. Auch faulige oder kranke Früchte müssen sofort entfernt werden.

Schossen Spinat, Kopfsalat und andere Nutzpflanzen neigen bei zu früher Aussaat oder Trockenheit zum Schossen, d. h. sie blühen vorzeitig und verderben so die Ernte.

Zu starkes Wässern Wird zu viel gegossen, können Wurzeln faulen. Zudem lässt zu starkes und vor allem unregelmäßiges Wässern manchmal die Früchte platzen.

Wassermangel Während des Wachstums welken Pflanzen, wenn sie nicht genug Wasser bekommen. Bei Hitze und Trockenheit müssen Sie mitunter täglich gießen.

Frostschäden Frost schädigt Blütenknospen, Blätter und junge Triebe. Drohen Minustemperaturen, schützt man die Pflanzen mit einer Abdeckung.

Natürlicher Pflanzenschutz

Die Natur hat ihre eigenen Methoden, sich zu verteidigen. Doch Gärtner können ihre Nutzpflanzen bei der Abwehr von Problemen unterstützen. Pflanzt man beispielsweise Wildblumen, lockt man damit Insekten wie Marienkäfer und Schwebfliegen an, die Blattläuse dezimieren. Igel wiederum fressen Schnecken. Ganz einfach lassen sich Schädlinge durch Hindernisse fernhalten: Obstkäfige gegen Vogelfraß sind im Handel erhältlich, Sie können sie aber mit Stäben und einem Netz auch selbst basteln. Manche Schädlinge verwirrt man schon allein dadurch, dass man mehrere Nutzpflanzen kombiniert. Der Geruch von Zwiebeln etwa hindert die Karottenfliege daran, ihr eigentliches Ziel, nämlich Möhren und Pastinaken, zu finden.

Nützlinge Locken Sie Verbündete in Ihren Garten, indem Sie ihnen einladende Lebensräume wie Wildblumen oder verrottende Holzstapel bieten und Chemikalien möglichst meiden.

Insektennetze Pflanzen, die von Schmetterlingen und ihren Larven geschädigt werden, etwa Kohlgewächse und Karotten, kann man mit feinmaschigen Netzen schützen.

Begleitpflanzen Manche Nachbarn halten Schädlinge fern. Ringelblumen etwa schützen Tomaten vor der Weißen Fliege, während Zwiebeln die Karottenfliege verscheuchen.

Schädlinge, Krankheiten, Störungen

◆ **BODENPROBLEME:** Wenn Pflanzen sichtlich darben, kann der Boden ungeeignet für sie sein. Prüfen Sie seinen pH-Wert mit einem Testset (*siehe S. 21*), um herauszufinden, ob er zu alkalisch oder sauer ist. Auch zu schweres oder leichtes Erdreich stört manche Pflanzen. In Sandböden muss man regelmäßig wässern und düngen; außerdem sollte man solches Erdreich durch Einarbeiten von organischer Substanz verbessern. In Ton- bzw. Lehmböden wiederum droht Staunässe – Abhilfe kann hier das Einarbeiten von Sand und feinem Kies schaffen.

◆ **KRANKHEITEN:** Sind faulige oder schimmelige Stellen zu sehen? Entfernen Sie befallene Pflanzenteile rasch.

◆ **SCHÄDLINGE:** Vögel und Kaninchen verursachen sichtbare Schäden, doch sollte man Blätter und Triebe auch auf winzige Insekten untersuchen. Hindernisse wie Netze halten Mitesser fern.

Tarnung Verstecken Sie Ihre Nutzpflanzen zwischen Blütenpflanzen. Sie sehen nicht nur gut aus, sondern reduzieren auch den Schädlingsbefall.

Schädlinge

Fast alle Nutzpflanzen können von Schädlingen befallen werden. Behalten Sie also Ihr Obst und Gemüse im Auge. Manchmal helfen schon einfache vorbeugende Maßnahmen: Ein Netz über Obstbäumen hält Vögel fern, das Abdecken von Sämlingen macht ein Beet zum No-go-Bereich für Schmetterlinge. Haben sich Schädlinge doch festgesetzt, helfen die folgenden Abbildungen, sie zu identifizieren, und die empfohlenen Gegenmaßnahmen halten sie in Grenzen.

Wespen Sie werden von süßem Fruchtfleisch angelockt. Hängen Sie Wespenfallen auf oder legen Sie faule Früchte in einiger Entfernung vom Baum aus.

Apfelwickler Die Larven dieser Motte fressen sich bis zum Kerngehäuse von Äpfeln durch. Hängen Sie Pheromonfallen auf oder verwenden Sie ein Insektizid.

Möhrenfliege Ihre Larven bohren sich in Karotten und Pastinaken. Zäunen Sie die Beete mit 60 cm hohem Vlies ein und wählen Sie widerstandsfähige Sorten.

Lauchmotte Ihre Raupen fressen sich in Lauch und Zwiebeln, die daraufhin faulen. Man deckt die Pflanzungen mit Vlies ab, damit die Motten nicht darauf landen.

Weiße Fliege Sie saugt Saft aus den Blättern und sondert Honigtau ab. Man bekämpft sie mit einem geeigneten Insektizid oder der Raubwespe *Encarsia formosa*.

Erbsenwickler Adulte Wickler legen im Hochsommer ihre Eier in die Erbsenblüten. Die Raupen fressen im Inneren der Schoten die Erbsen. Netze halten die Wickler fern.

Spargelhähnchen Sowohl die adulten Käfer als auch die Larven befallen Laub und Triebe von Spargel, die daraufhin absterben. Man liest die Käfer von Hand ab.

Dickmaulrüssler Die adulten Käfer fressen Kerben in das Laub, mehr Schaden aber verursachen die Larven an den Wurzeln. Sie werden mit Nematoden bekämpft.

Blattläuse Die saugenden Insekten befallen vor allem frische Triebe und Laub. Man wäscht sie mit Seifenlauge ab, zerdrückt sie oder spritzt ein handelsübliches Insektizid.

Rote Spinne Diese Milbe verursacht braun gesprenkelte Blätter. Durch biologische Bekämpfung mit Mitteln aus natürlichen Fettsäuren dezimiert man sie.

Vögel Sie beschädigen die Früchte und können Obstgehölze wie Kirschen sogar völlig kahl fressen. Auch über Gemüse machen sie sich her. Netze halten sie fern.

Schnecken Die schleimigen Kriechtiere fressen Triebe und Laub vor allem von Sämlingen an. Gegen sie helfen biologische Maßnahmen, Bierfallen und Hindernisse.

Schwarze Bohnenlaus Die Sauginsekten machen sich über Dicke Bohnen her, deren Triebe und Laub verkümmern. Man dezimiert sie durch Abzwicken der Triebspitzen.

Kleine Pflaumenblattlaus An Pflaumen wachsen die Blätter im Frühjahr verkrüppelt. Man behandelt die Bäume nach der Blüte mit Pflanzenöl oder einem Insektizid.

Raupen Sie fressen vor allem Blätter und Triebe an. Man liest sie von Hand ab oder spannt Netze über die Pflanzen, damit adulte Tiere ihre Eier nicht ablegen können.

Apfelsägewespe Die Larven schädigen im Frühjahr die unreifen Früchte, die abfallen oder Narben davontragen. Infizierte Früchte werden entfernt und vernichtet.

Krankheiten

Kein Garten ist völlig gegen Krankheiten gefeit – es lohnt sich also zu wissen, wie man sie erkennt und bekämpft. Viele lassen sich schon dadurch vermeiden, dass man möglichst viel Luft um die Pflanzen zirkulieren lässt, den Wurzelraum feucht hält und infiziertes Material sofort entfernt und vernichtet. Ebenso wichtig ist es, Gartenwerkzeuge, Töpfe und Saatschalen sauber zu halten. Das Angebot an Gegenmitteln ist begrenzt – versuchen Sie Pilz-, Virus- und Bakterieninfektionen deshalb von vornherein durch gute Gartenhygiene zu vermeiden.

Amerikanischer Stachelbeermehltau Auf den Beeren erscheint ein weißer Pilzbelag. Halten Sie die Wurzeln feucht und pflanzen Sie Sorten wie 'Invicta' und 'Rokula'.

Tomatenfäule Der Pilz breitet sich rasch aus und lässt Früchte faulen. An Trieben und Blättern bilden sich braune Stellen. Infizierte Teile werden vernichtet.

Falscher Mehltau Warm-feuchte Bedingungen begünstigen die Ausbreitung der Krankheit, die braune Flecken und Pilzbelag verursacht. Befallene Pflanzen vernichten.

Gurkenmosaikvirus Das Virus befällt vor allem Gurken. Die Blätter werden fleckig, die Früchte wachsen verformt. Infizierte Pflanzen vernichtet man.

Grauschimmel Der Pilz breitet sich vor allem bei warmem, feuchtem Wetter aus. Die Früchte schimmeln und faulen. Erkranktes Material wird vernichtet.

Baumkrebs Bestehende Wunden an Stämmen bekommen Wucherungen; der Baum stirbt schließlich ab. Entfernen Sie erkrankte Stellen und desinfizieren Sie Werkzeuge.

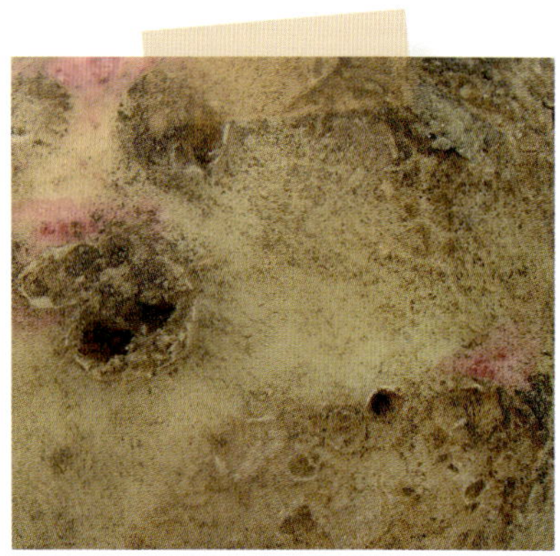

Kartoffelschorf Es bilden sich erhöhte braune Stellen auf der Schale. Meiden Sie trockene, alkalische Böden, kalken Sie und wählen Sie widerstandsfähige Sorten.

Schokoladenfleckenkrankheit Auf dem Laub und den Schoten von Dicken Bohnen erscheinen braune Flecken. Befallenes Material wird entfernt und vernichtet.

Mehlkrankheit Weiße, faulige Zwiebeln sind Symptome dieser Krankheit, die viele Jahre im Boden bleibt. Fruchtwechsel praktizieren und in Hochbeeten Erde austauschen.

Kraut- und Knollenfäule Laub und Triebe von Kartoffeln werden braun und sterben ab. Entfernen Sie erkranktes Material, damit nicht die Kartoffeln befallen werden.

Kohlhernie Die Pilzkrankheit sitzt im Boden. Sie befällt Kohlgewächse, deren Grün welkt. pH-Wert des Bodens durch Kalken erhöhen und Dränage verbessern.

Blütenendfäule Gefährdet sind vor allem Tomaten und Paprika, deren Früchte faulen. Ursache ist Kalziummangel, der meist auf Trockenheit zurückgeht. Gut wässern.

Sclerotinia-Fäule Die Pilzkrankheit befällt u. a. Kopfsalat, Sellerie und Bohnen. Das Gemüse welkt, wird gelb und schimmelt. Es muss sofort vernichtet werden.

Umfallkrankheit Jungpflanzen im Glashaus fallen um. Verbessern Sie die Luftzirkulation, verwenden Sie saubere Gefäße und gießen Sie nur mit Leitungswasser.

Rost Er befällt viele Pflanzen und verursacht orange Flecken oder Pusteln an Laub und Trieben. Fruchtwechsel hilft, doch müssen Sie kranke Pflanzen sofort entfernen.

Braunfäule Der Pilz schädigt Obstbäume, deren Früchte braun werden und faulen. Sie müssen sofort abgezupft werden. Verbessern Sie die Luftzirkulation in der Krone.

Hallimasch Auf den Wurzeln von Obstbäumen bildet sich ein weißer Belag, am Stamm können sich Konsolenpilze bilden. Gehölze mitsamt der Erde entfernen.

Echter Mehltau Auf Blättern und Trieben von Obst- und Gemüsepflanzen erscheint ein weißlicher Überzug. Pflanzen Sie widerstandsfähige Sorten und wässern Sie gut.

Bleiglanz An Pflaumen, Kirschen, Pfirsichen und Aprikosen färben sich die Blätter silbrig, Zweige sterben ab. Ein Schnitt im Sommer verringert das Infektionsrisiko.

Stippigkeit Auf Äpfeln bilden sich braune Löcher, das Fleisch schmeckt bitter. Wässern und mulchen Sie gut, denn Ursache ist Kalziummangel aufgrund von Trockenheit.

Himbeerrutenkrankheit Die Ruten von Himbeeren werden brüchig, das Laub welkt. Lichten Sie die Pflanzen aus, um die Luftzirkulation zu verbessern.

Kräuselkrankheit Betroffen sind Pfirsiche und Nektarinen. Ihre Blätter werden rötlich, rollen sich ein und fallen ab. Schützen Sie die Knospen im Winter vor Regen.

Schrotschusskrankheit Auf dem Laub von Kirschen und Pflaumen erscheinen braune Flecken und schließlich Löcher. Ursache sind Bakterienbrand oder Echter Mehltau.

Apfel- und Birnenschorf Braune Flecken bilden sich auf Blättern und Früchten, die man bei starkem Befall entfernt. Harken Sie im Herbst das Laub zusammen.

Verbräunungen Das Laub wird braun und brüchig. Ursache sind zu starke Sonne und Wind. Wässern Sie nicht um die Mittagszeit und beschatten Sie Gewächshauspflanzen.

Mangelerscheinungen

Wenn im Boden wichtige Nährstoffe fehlen, kümmern und welken Pflanzen. Das beeinträchtigt zwar die Ernte sehr stark, doch kann man durch entsprechende Düngung meist problemlos Abhilfe schaffen.

Gesunde Pflanzen

Pflanzen brauchen eine ausgewogene Zufuhr von Nährstoffen, um zu gedeihen – fehlt ihnen ein entsprechendes Angebot, kümmern sie. Auf den ersten Blick sieht das oft nach einem Befall mit Schädlingen oder Krankheiten aus, doch wenn weder Pilzbeläge noch Insekten zu erkennen sind, steckt vielleicht ein Mangel dahinter. Manchmal hilft ein handelsüblicher Volldünger, um das Problem zu beheben.

Eisen Bei Eisenmangel werden die Blätter zwischen den Adern gelb und am Rand oft braun. Bringen Sie Eisenchelate aus und mulchen Sie mit eisenhaltigem Material.

Magnesium Fehlt dieses Spurenelement, werden die Blätter gelb und bekommen braune Flecken. Man sprüht Bittersalz als Blattdünger auf das Laub.

Kalium Kaliummangel schlägt sich in braun vertrockneten Blättern und mangelndem Fruchtansatz nieder. Ein kalireicher Flüssigdünger schafft Abhilfe.

Stickstoff Fehlt Stickstoff, wird das Laub gelb und die Pflanze stellt den Neuaustrieb ein. Mit einem handelsüblichen Volldünger löst man das Problem in der Regel.

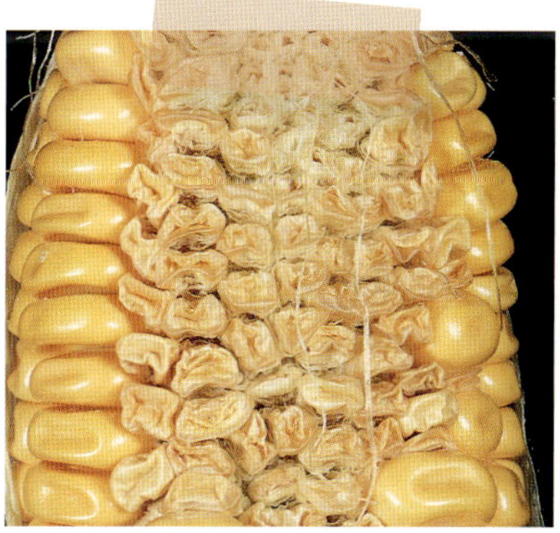

Bor Bormangel lässt die Früchte aufplatzen, vor allem von Mais; Wurzelgemüse reift nicht. Bringen Sie Borax aus oder sprühen Sie Blattdünger auf das Laub.

Kalzium Zu wenig Kalzium kann Blütenendfäule und Stippigkeit verursachen, denn es beeinträchtigt die Wasseraufnahme. Kalken Sie den Boden und gießen Sie gut.

Unkräuter

Als Unkraut gilt eine Pflanze, wenn sie dort wächst, wo man sie nicht haben will. Man wird sie los, indem man sie ausgräbt oder mit der Hacke jätet. Wer nicht biologisch gärtnert, wird um den einen oder anderen Einsatz chemischer Unkrautvernichtungsmittel nicht immer herumkommen. Wie bei Schädlingen aber gilt: Vorbeugen ist besser als heilen.

Häufige Probleme

Unkräuter konkurrieren mit ihren Nachbarn um Nährstoffe und Wasser und können Schatten auf sie werfen oder sie verdrängen. Zudem setzen sich in ihnen mitunter Schädlinge fest.

- **VORBEUGUNG:** Decken Sie nackte Erde so bald wie möglich mit Unkrautfolie ab. Falls der Boden länger unbegrünt bleibt, sollte man ihn vorübergehend mit einem Gründünger bepflanzen, der die Bodenfruchtbarkeit erhöht und Unkräuter fernhält.
- **UNKRAUTVERNICHTER:** Im Gemüse- und Obstgarten sollte man chemische Herbizide vermeiden. Falls der Unkrautdruck sehr hoch ist und mechanische Methoden nicht ausreichen, kann man jedoch zu Mitteln greifen, die biologisch abbaubar sind und außerdem Bienen nicht gefährden.
- **FLAMMENWERFER:** Sie töten den oberirdischen Wuchs, nicht jedoch die Wurzeln ab.
- **AUSGRABEN:** Die wohl wirkungsvollste Unkrautbekämpfung.
- **HACKEN:** Einjährige Unkräuter wird man damit gut los.
- **MULCH:** Eine Schicht Kompost oder Dung unterdrückt Unkräuter vorübergehend.

Unkrautfolie Planen aus speziellen Geotextilien können um Bäume gelegt und mit Mulch bedeckt werden.

Kletten-Labkraut Das Kraut krallt sich mit seinen Borsten an Kleidung fest. Es kann einen Garten schnell in Beschlag nehmen, lässt sich aber leicht jäten.

Behaartes Schaumkraut Die kleine, niedrige einjährige Pflanze breitet sich im Nu durch Aussaat aus. Man entfernt sie mit der Hacke, bevor sie blüht.

Löwenzahn Ein häufiger Gast in Gärten und auf Rasenflächen. Seine tiefe Pfahlwurzel muss ausgegraben werden, sonst treibt er immer wieder aus.

Einjähriges Rispengras Das Gras breitet sich rasch aus und sät sich im ganzen Garten aus, wenn man es nicht rechtzeitig mit der Hacke jätet.

Acker-Kratzdistel Die mehrjährige Distel ist mit ihren Stacheln recht wehrhaft und schwer loszuwerden. Es bleibt nur, sie rechtzeitig auszugraben.

Hirtentäschel Ein einjähriges Kraut mit violetten, herzförmigen Schoten. Man gräbt es am besten aus, noch bevor es sich aussäen kann.

Brennnessel Ein sehr häufiges Unkraut, das man nur ausmerzen kann, wenn man es komplett ausgräbt und dabei kein Wurzelstückchen vergisst.

Gewöhnliches Greiskraut Weiße Samenstände und Körbchenblüten sind die typischen Merkmale dieser Einjährigen. Sie wird mit der Hacke gejätet oder ausgegraben.

Ampfer Eine tief wurzelnde Staude mit großen Blättern. Los wird man sie nur, wenn man sie mitsamt der Wurzeln ausgräbt oder mit Herbizid bekämpft.

Jakobs-Greiskraut Die invasive Staude kann rasch einen Garten in Beschlag nehmen, falls man sie nicht bändigt. Sie wird mit einer Grabgabel aus der Erde gehebelt.

Kriechender Hahnenfuß Wohl fühlt sich die Staude vor allem in feuchter Erde. Sie ist recht hartnäckig und muss mit dem gesamten Wurzelsystem ausgegraben werden.

Zaunwinde Die kletternde Staude wird man ganz schwer los. Hat sie sich bereits stark ausgebreitet, kann man auch einmal zu chemischen Mitteln greifen.

Pflanzenschnitt

Obstgehölze brauchen einen Schnitt, um gut zu fruchten und gesund zu bleiben. Viele Hobbygärtner meinen, Schneiden sei etwas für Profis, dabei muss man nur einige grundlegende Techniken beherrschen. Als Ausrüstung reichen eine Gartenschere, eine Astsäge und -schere – sowie ein bisschen Selbstvertrauen.

Warum schneiden?

Die meisten Obstbäume und -sträucher fruchten an jungem, in der Regel ein- bis dreijährigem Holz. Ein Schnitt regt sie zum Austrieb kräftiger Triebe an, die viele Früchte tragen. Der Schnitt dient außerdem dazu, zu dicht stehende Triebe in der Krone auszulichten, sodass genug Sonne zu den reifenden Früchten gelangt. Wichtig ist ferner, verletztes, krankes oder abgestorbenes Holz zu entfernen. Schneidet man Obstbäume und -sträucher gar nicht, tragen sie schlecht und werden schwach und anfällig für Krankheiten. Nicht zuletzt sorgt ein Schnitt für ein ausgewogenes Gerüst und verhindert, dass Kronen zu groß werden bzw. zu viel Schatten werfen.

Schwachen Wuchs entfernen Schneiden Sie zu dicht stehende, dünne Triebe jährlich heraus, sie tragen kaum Früchte und verdichten die Krone, werfen Schatten und verhindern, dass Luft zirkuliert.

Werkzeugpflege

Scheren und Sägen muss man gelegentlich schleifen und ölen, damit sie funktionsfähig bleiben. Stumpfes Werkzeug verursacht faserige Schnitte. Durch solche unnötigen Wunden dringen Krankheitserreger ein und schädigen die Pflanze oder bringen sie sogar zum Absterben. Reinigen Sie das Schneidewerkzeug nach jedem Einsatz, vor allem wenn Sie kranke Triebe entfernt haben. So vermeiden Sie, dass Krankheiten übertragen werden.

Säge ölen Bevor Sie die Säge nach dem Gebrauch wegräumen, wischen Sie Holzreste ab und reiben das Blatt mit Öl ein.

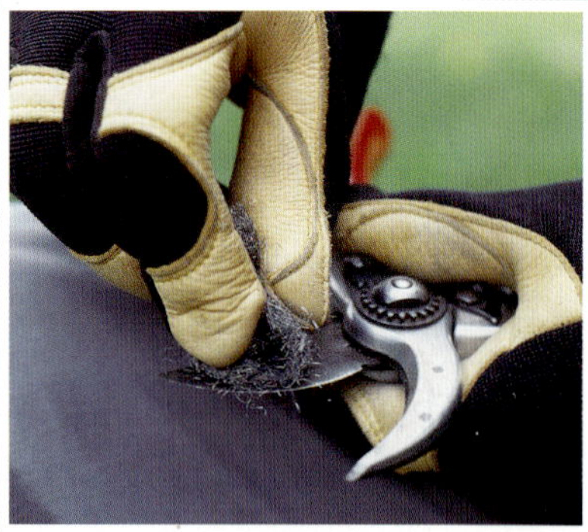

Rost entfernen Sollten Werkzeuge rosten, reibt man den Belag mit Drahtwolle und einem Tropfen Öl weg.

Schneidetipps

Um sich die Arbeit so leicht wie möglich zu machen und saubere Schnitte auszuführen, braucht man das passende Schneidewerkzeug. Gartenscheren sind ideal für Triebe bis zu 2 cm Durchmesser. Dickere Zweige kappt man mit einer Ast- oder Baumsäge. Sie hat eine lange, dünne Klinge, mit der man auch zwischen dichtem Astwerk in ungünstigem Winkel sägen kann. Langstielige Astscheren eignen sich für kräftige Zweige, können sie jedoch quetschen, wenn die Schneiden schlecht geschärft sind. Zudem kann man mit ihnen sperrigen Schnittabfall gut zerkleinern. Muss man in höheren Baumregionen schneiden, wählt man Astscheren mit Teleskopgriff.

Äste Für dickere Äste benötigt man eine Baumsäge.

Ansteckend Desinfizieren Sie Werkzeug nach dem Schnitt von krankem Holz.

Frische Triebe Dünne neue Triebe kann man entfernen, sie fruchten nicht.

Guter Schnitt Ein perfekter, nicht zu nah an der Knospe angesetzter Schnitt.

Schlechter Schnitt Hier kam eine stumpfe Schere zum Einsatz.

Wie man Obstbäume schneidet

Beim Schneiden von Obstgehölzen setzt man den Schnitt knapp oberhalb einer Knospe an. Lassen Sie keine Stummel stehen, denn sie sterben ab und verursachen Infektionen. Zu nah an der Knospe darf man die Schere aber auch nicht ansetzen. Damit ein sauberer Schnitt gelingt, sollte die dünnere Klinge zum Zweig zeigen, den man behalten möchte, während man die dickere etwas in die Richtung des abzuschneidenden Zweigstücks dreht (*siehe oben*). Das verhindert, dass der am Baum verbleibende Teil gequetscht wird. Idealerweise ist die Schnittfläche leicht von der Knospe abgewandt. Beim Entfernen größerer Äste schneidet man zuerst den Hauptteil des Astes ab, damit die Borke nicht ausreißt. Setzen Sie den letzten Schnitt nicht zu nah am Stamm an, sondern lassen Sie einen kurzen Stummel stehen, der vernarben kann. Insgesamt muss die Krone ausgewogen sein. Aufrechte, wüchsige Triebe, die sich überkreuzen oder aneinander reiben, muss man ebenfalls entfernen.

Wann geschnitten wird

Obstbäume werden zu bestimmten Jahreszeiten geschnitten, um sie zum Neuaustrieb anzuregen oder das Infektionsrisiko zu senken. Überflüssige oder aus der Reihe tanzende Zweige können auch im Sommer entfernt werden.

- Apfel- und Birnbäume schneidet man während der Vegetationsruhe im Spätwinter oder Frühjahr.
- Spalier-, Kordon- und Stepover-Bäume (*siehe S. 242*) sollte man im Spätsommer schneiden.
- An Pflaumen, Pfirsiche, Nektarinen und Kirschen setzt man die Schere im späten Frühjahr oder Frühsommer an, um eine Bleiglanz-Infektion zu vermeiden.

Formobst

Die meisten Obstbäume lassen sich mit der Zeit zu dekorativen Formen erziehen, etwa zu Stepovers, Kordons, Fächern und Spalieren. Diese Erziehungsformen sind entstanden, weil man Platz sparen und auf engem Raum mehr Ertrag erreichen sowie eine größere Zahl von Sorten unterbringen wollte. Eine warme Südmauer lässt sich mit Spalierobst optimal nutzen. Umgekehrt kann man damit den Schattenwurf der Gehölze reduzieren. Obstbäume werden aber auch aus rein dekorativen Zwecken erzogen, bilden sie doch eine einnehmende und zugleich nützliche Bereicherung eines Gartens.

Geneigter Kordon Die Stämme von Äpfeln und Birnen wachsen in einem schrägen Winkel. Sie tragen am Stamm fruchtende Kurztriebe.

Stepover Apfel-Stepovers sind niedrige Spalierhecken auf sehr schwachwüchsigen Unterlagen. Sie sind gut geeignet als Hecke für Gemüsegärten.

Fächer Oft werden Kirschen, Nektarinen und Pfirsiche an warmen Wänden als Fächer gezogen. Es lassen sich aber auch andere Obstbäume auf diese Weise erziehen. Sie tragen reichlich Früchte.

Spalier Diese Form der Erziehung ist die vielleicht dekorativste. Nach dem Einwachsen müssen die neuen Triebe nur noch jeden Spätsommer auf ein bis zwei Blätter eingekürzt werden, damit die Pflanze klein bleibt und ihre Form behält. Für die Spaliererziehung eignen sich vor allem Äpfel und Birnen.

Obstbüsche schneiden

Obststräucher sollten jährlich geschnitten werden, um den Austrieb kräftiger, reich fruchtender Triebe zu fördern und abgestorbene, kranke oder beschädigte Triebe zu entfernen. Dabei sollte man auf eine offene, luftige Mitte hinarbeiten. Vorsicht: Manche Büsche haben Dornen.

Wie man schneidet

Stachelbeeren sowie Rote und Weiße Johannisbeeren werden im Sommer und Frühjahr geschnitten, damit sich frische Triebe bilden, die im darauffolgenden Jahr fruchten. An Schwarzen Johannisbeeren schneidet man frisch abgeerntete Triebe bis zum Ansatz zurück. Bei Heidelbeeren entfernt man die unteren Seitentriebe und nimmt ein Drittel der ältesten Triebe im Frühjahr ganz heraus.

Wann man schneidet

Manche Beerensträucher profitieren am meisten von einem Schnitt zu einer bestimmten Jahreszeit. Weinreben, Rote Johannisbeeren und Stachelbeeren kann man zweimal jährlich zurückschneiden.

- Hauptschnitt im Frühjahr: Weinreben, Rote und Schwarze Johannisbeeren, Stachelbeeren.
- Rückschnitt neuer Triebe im Sommer bis auf fünf Blätter: Weinreben, Stachelbeeren, Rote Johannisbeeren.
- Frühjahr: Herbsthimbeeren.
- Spätsommer: Sommerhimbeeren.

Sommerhimbeeren Sie werden nach dem Abernten geschnitten. Dazu nimmt man alte Ruten bis zum Ansatz heraus und bindet die neuen an.

Herbsthimbeeren Schneiden Sie alle Ruten im Frühjahr bis zum Ansatz zurück oder einige Ruten um die Hälfte – sie fruchten dann etwas früher.

Schwarze Johannisbeeren Im Frühjahr nimmt man ein Drittel der ältesten Triebe mit einer Astschere bis zum Ansatz heraus.

Heidelbeeren Sie werden wie Brombeeren geschnitten, indem man ein Drittel des alten Holzes entfernt und junge Triebe unangetastet lässt.

Rote Johannisbeeren Auch sie profitieren von einem zusätzlichen Schnitt im Sommer, bei dem man frische Triebe bis auf fünf Blätter zurückschneidet.

Vermehrung

Die meisten Nutzpflanzen lassen sich durch Aussaat vermehren. Bei einjährigen Gewächsen ist das auch ideal, doch bei Stauden und Obstgehölzen dauert es zu lange. Sie werden am besten durch Stecklinge, Ausläufer oder Teilung vermehrt.

Heidelbeeren Sie werden vermehrt, indem man im Frühjahr 20 cm lange Steckhölzer abschneidet und sie in einen Topf mit Moorbeet- bzw. Rhododendrenerde steckt. Nehmen Sie mehrere Steckhölzer ab, um die Erfolgschancen zu erhöhen.

Steckhölzer und Ausläufer

Viele Obststräucher kann man durch Steckhölzer vermehren, die man im Herbst oder Frühjahr abnimmt. Verbessern Sie dazu in einer geschützten Gartenecke ggf. ein kleines Areal mit Kies oder Sand. Schneiden Sie 20 cm lange, gesunde junge Triebe vom Strauch und stecken Sie sie so in den Boden, dass noch ein Drittel herausragt. Regnet es längere Zeit nicht, müssen sie gewässert werden. Bis zum nächsten Frühjahr sollten sie eingewurzelt sein und können an ihren Standort gepflanzt werden.

◆ **BROMBEEREN** und Himbeeren bilden am Ansatz Ausläufer. Sie können im Frühjahr ausgegraben und in Töpfe gesetzt werden, bis man sie auspflanzt.

Wildtriebe Die kräftigen neuen Triebe bilden sich am Ansatz mancher Pflanzen. Siedelt man sie in Töpfe um, wurzeln sie rasch ein.

Aufnehmen und Teilen von Stauden

Obst- und Gemüsestauden bleiben jahrelang an ihrem Standort. Dort bilden sie große Horste, die mit der Zeit zu dicht werden, was sie schwächt. Man verjüngt solche überalterten Stauden, indem man die ganze Pflanze im Frühjahr oder Herbst ausgräbt, teilt und nur die kräftigsten Stücke wieder einsetzt. Wenn mehr gesunde neue Pflanzen übrig bleiben, als Sie brauchen, verschenken Sie einfach den Rest an Freunde und Nachbarn.

Kräuter Viele mehrjährige Kräuter breiten sich durch kriechende Triebe oder Wurzelausläufer aus. Man kann sie im Frühjahr aufnehmen und teilen. Die Einzelteile werden wieder eingepflanzt oder in Töpfe umgesiedelt.

Erdbeerausläufer

Kaum eine Pflanze lässt sich leichter vermehren als Erdbeeren. Die Stauden bilden von Natur aus Ausläufer an langen Trieben. Klammert man diese natürlichen Klone am Substrat in einem Topf fest, wurzeln sie binnen weniger Wochen ein.

Festklammern Noch während der Ausläufer mit der Mutterpflanze verbunden ist, klammert man ihn fest.

Kappen Hat der Ausläufer einige neue Blätter ausgetrieben, kann er von der Mutterpflanze getrennt werden.

Nicht empfehlenswert

Folgende Vermehrungsmethoden bieten sich auf den ersten Blick an. Doch es gibt gute Gründe, die Finger davonzulassen.

- **OBSTBÄUME** kann man aus Kernen vermehren. Die daraus entstehenden Gehölze fruchten aber, wenn überhaupt, nur schlecht.
- **KARTOFFELN** treiben wieder aus, wenn man sie einpflanzt, sind aber anfällig für Krankheiten. Kaufen Sie gesunde Saatkartoffeln.
- **KNOBLAUCH** aus dem Supermarkt kommt meist aus einem anderen Land. Er wird in Ihrem Garten nicht gut wachsen.

Obstkerne Sie treiben zwar bereitwillig aus, doch die daraus entstehenden Gehölze enttäuschen in der Regel und brauchen Jahre, bis sie überhaupt blühen.

Rhabarber Er bildet mit der Zeit große holzige Horste und sollte dann geteilt werden. Werfen Sie die Mitte weg und teilen Sie den Rest in Stücke aus je zwei gesunden Trieben.

Spargel Es dauert zwar ziemlich lange, bis Spargel eingewachsen ist, doch kann man ältere Exemplare im Herbst aufnehmen und je drei bis vier gesunde Teile daraus gewinnen.

Artischocken Man nimmt sie im Frühjahr auf. Dabei wird man am Ansatz auf sogenannte Kindel stoßen, die man abschneiden, eintopfen und wieder auspflanzen kann.

Topinambur Die große Pflanze wird wegen ihrer unterirdischen Knollen gezogen, die man im Gegensatz zu Kartoffeln wieder einpflanzen und ernten kann.

Glossar

Abhärten Das allmähliche Gewöhnen eines Sämlings bzw. einer Jungpflanze, die unter Glas vermehrt wurde, an die kühleren Bedingungen im Freiland. Damit wird vermieden, dass der plötzliche Temperaturwechsel beim Umsiedeln in den Garten die Pflanze zum Absterben bringt.

Alkalisch (Boden) Mit einem pH-Wert von über 7. Kalkliebende Pflanzen brauchen alkalische Böden. Siehe auch *pH-Wert* und *Kalkflieher*.

Anhäufeln Das Aufhäufen von Erdreich um den Ansatz einer Pflanze, um Triebe zu bleichen, das Einwurzeln von Trieben zu erleichtern oder die Pflanze zu stützen. Bei Kartoffeln verhindert das Anhäufeln, dass die Knollen in der Nähe der Bodenoberfläche grün werden.

Anzuchtkasten Ein beheizter Kasten mit Deckel, in dem eine Atmosphäre hoher Luftfeuchtigkeit geschaffen wird, um den Austrieb von frisch gesäten Samen zu fördern.

Ausdünnen Das Entfernen von Sämlingen, Trieben, Blüten und Fruchtknospen, um das Wachstum und die Qualität der verbleibenden Pflanzenteile zu verbessern.

Bestäubung Die Übertragung von Pollen, die zur Befruchtung und schließlich zur Bildung von Früchten und Samen führt.

Bierfalle Ein Behälter, der im Boden versenkt und mit Bier gefüllt wird. Schnecken werden vom Geruch des Biers angezogen, fallen in die Flüssigkeit und ertrinken darin.

Blanchieren Gemüse für kurze Zeit in kochendes Wasser tauchen, anschließend in Eiswasser abkühlen, trocknen und in Gefrierbeuteln einfrieren. So bewahren Gemüse ihre Farbe, Geschmack und Konsistenz.

Bleichen Den frischen Blättern oder Trieben einer Pflanze Licht nehmen, damit sie zart bleiben, süß schmecken und eine helle Farbe behalten. Das geschieht entweder durch Anhäufeln von Erde um den Ansatz der Pflanze oder indem man ein Gefäß über sie stülpt.

Direktaussaat Die Aussaat direkt ins Freiland in vorbereitete Saatbeete oder Rillen.

Einjährige Eine Pflanze, die ihren Lebenszyklus mit Keimung, Blüte, Aussaat und Absterben innerhalb einer Vegetationsperiode durchläuft. Siehe auch *Staude*.

Eisenchelat Ein spezielles Düngerpräparat, mit dem Eisenmangel und die daraus folgende Gelbfärbung des Laubs behoben und vermieden werden kann. Es wird vor allem Pflanzen verabreicht, die saure Bedingungen bevorzugen, etwa Heidelbeeren.

Entspitzen Das Abzwicken der Triebspitze einer Pflanze, um sie zu einem buschigeren Wuchs mit Seitentrieben anzuregen.

Folgesaat Die mehrmalige Aussaat geringer Mengen in gewissen zeitlichen Abständen, sodass man über einen längeren Zeitraum hinweg ernten kann.

Fotosynthese Der biochemische Prozess in einer Pflanze, bei dem mithilfe von Sonnenlicht und Chlorophyll Kohlendioxid und Wasser in chemische Energie in Form von Zuckerverbindungen umgewandelt werden.

Fruchtwechsel Ein System, bei dem in einem Nutzgarten die verschiedenen Gemüsearten jedes Jahr an einer anderen Stelle angebaut werden, um zu verhindern, dass bestimmte Krankheiten oder Schädlinge im Boden überhandnehmen. Üblich sind Drei- oder Vierjahreszyklen.

Gründünger Schnell wachsende, laubreiche Pflanzen wie Weißer Senf oder *Phacelia*-Arten, die nur angebaut werden, damit man sie später als Dünger in den Boden einarbeiten kann.

Hochbeet Ein Beet, das über die Bodenoberfläche der Umgebung hinausragt. Als Randbefestigung dienen Holzbretter, Steine, Ziegel und andere Materialien. Hochbeete können im Handel als Bausätze gekauft werden.

Holländern Eine Methode der Bodenbearbeitung, bei der das Erdreich bis in die zweifache Spatentiefe umgegraben wird. So entsteht ein tiefgründiger, gesunder Bodenraum, in dem Pflanzen besonders gut gedeihen.

Immergrün Bezeichnung für Pflanzen, die ihr Laub länger als eine Vegetationsperiode behalten und in der Regel das ganze Jahr hindurch grün bleiben.

Kalidünger Ein Dünger mit einem hohen Anteil an Kalium. Er wird speziell verabreicht, um die Blüte und den Fruchtansatz zu fördern. Siehe auch *Stickstoff*.

Kalkflieher Pflanzen, die saure Böden brauchen und auf Kalkböden nicht gut gedeihen würden. Siehe auch *pH-Wert*.

Keimung Der Beginn des Wachstums im Inneren eines Samens, der zur Entwicklung einer Pflanze mit Trieben und Wurzeln führt.

Kindel Eine Jungpflanze, die sich am Ansatz einer Mutterpflanze entwickelt und die abgetrennt und als eigenständige Pflanze weiterkultiviert werden kann.

Kohlmanschette Ein rundes Stück aus Karton, Filz oder anderen Materialien, das um den Ansatz von Kohlgewächsen gelegt wird, damit die Weibchen der Kleinen Kohlfliege keine Eier in den Boden über dem Wurzelraum legen können.

Komposterde Hochwertige, aus organischen Materialien entstandene Humuserde aus dem Komposter.

Leguminose Eine Pflanze aus der Familie der Hülsenfrüchtler.

Mischkultur Die Aussaat von rasch reifenden Gemüsesorten in den Lücken zwischen langsamer reifenden Sorten. Damit nutzt man den vorhandenen Platz im Garten optimal.

Moorbeeterde Substrat, das speziell auf die Bedürfnisse von säureliebenden bzw. kalkempfindlichen Pflanzen zugeschnitten ist. Ähnliche Eigenschaften haben Rhododendren- und Azaleenerde.

Mulch Ein Material, das als Schicht auf den Boden aufgetragen wird, um Unkraut zu unterdrücken und Feuchtigkeit im Boden zu halten. Gängige Mulchmaterialien sind gut verrotteter Stallmist oder *Komposterde*. Gemulcht werden Obst- und Gemüsepflanzen in der Regel im zeitigen Frühjahr.

Oberboden Die oberste Bodenschicht. Sie ist meistens nährstoffreich und enthält organisches Material.

Pfahlwurzel Die Hauptwurzel einer Pflanze, die in der Regel dicker und kräftiger als eine Seitenwurzel ist und aus dem Wurzelhals senkrecht nach unten wächst.

Pflanzabstand Der ideale Abstand zwischen den einzelnen Pflanzen. Er hängt von der Größe und Breite der jeweiligen Nachbarpflanzen ab.

Pflanzholz Ein zugespitztes, meist aus Holz bestehendes Handwerkzeug, mit dem man Löcher in den Boden sticht, um darin Samen oder Zwiebeln zu versenken.

Pflücksalate Auch Schnittsalate genannt. Blattsalate, von denen man über einen längeren Zeitraum einzelne Blätter abzupfen und verwenden kann, statt die ganze Pflanze auf einmal zu ernten.

pH-Wert Ein Wert, mit dem angegeben wird, wie sauer bzw. alkalisch Erdreich ist. Die Skala reicht von 1 bis 14. Böden mit einem pH-Wert von 7 sind neutral, mit einem Wert über 7 alkalisch und mit einem Wert unter 7 sauer.

Pikieren Das Umpflanzen kleiner Sämlinge aus der Saatschale oder dem Topf, in dem sie gekeimt haben, in ein größeres Gefäß.

Rille Ein flacher, gerader Minigraben, den man mit einer Hacke oder einem Rechen zieht. In die leichte Vertiefung sät man Samen, die anschließend wieder mit Erde bedeckt werden.

Sämling Eine Jungpflanze kurz nach dem Keimen des Samens. Auch Keimling oder Setzling genannt.

Sauer (Boden) Mit einem pH-Wert von weniger als 7. Kalkflieher brauchen saure Böden. Siehe auch *pH-Wert* und *Moorbeeterde*.

Schossen Das vorzeitige Blühen und Ansetzen von Samen auf Kosten der Blatt- und Wurzelentwicklung. Manche Pflanzen schossen, wenn die Tageslänge sich verändert, wegen eines plötzlichen Kälteeinbruchs oder weil sie nicht genug Wasser bekommen. Besonders anfällig für das Schossen sind Blattsalate und Spinat.

Spalierbaum Ein Baum mit senkrechtem Hauptstamm, von dem aus Seitenäste horizontal in drei bis vier Etagen nach beiden Seiten an einem System gespannter Drähte entlang gezogen werden. Obstgehölze werden häufig als Spalier erzogen.

Staude Eine nicht verholzende Pflanze, deren oberirdischer Wuchs meist am Ende jeder Vegetationsperiode abstirbt und im darauffolgenden Jahr wieder neu austreibt.

Stickstoff Ein Nährstoff, der vor allem das Wachstum grüner, belaubter Pflanzenteile fördert.

Systemisch Ein Pestizid oder Fungizid, das von der Pflanze absorbiert wird und sich in ihr ausbreitet.

Überwintern Die Versorgung einer nicht winterharten Pflanze mit ausreichender Wärme, damit sie die kalte Jahreszeit übersteht. Dazu stellt man sie entweder in ein Gewächshaus bzw. einen Wintergarten oder gräbt unterirdische Speicherorgane (etwa bei Dahlien die Knollen) aus und lagert sie frostfrei.

Umtopfen Das Umpflanzen einer Pflanze, die zu groß für ihr Gefäß geworden ist, in ein größeres Gefäß.

Unterlage Der untere Teil einer Pflanze mit einem Wurzelstock und kurzen Stammstück, auf das ein Edelreis aufgepfropft wird. Besonders Obstbäume werden oft auf Unterlagen veredelt, um die Größe der endgültigen Pflanze zu regeln.

Vegetationsperiode Der Zeitraum im Jahreslauf, in dem Pflanzen aktiv wachsen und eine Entwicklung durchlaufen. Die Zeit, in der sie nicht wachsen, bezeichnet man als Vegetationsruhe.

Veredelungsstelle Eine verdickte Stelle im unteren Teil eines Stamms von Bäumen oder Sträuchern, an der ein Edelreis oder Edelauge auf eine Unterlage aufgepfropft wurde.

Vermehrung Die Vervielfältigung einer Pflanze durch Aussaat, Stecklinge, Teilung oder andere Methoden.

Vlies, Gartenvlies Ein spezielles, leichtes Geotextil zum Abdecken junger, empfindlicher Pflanzen bei kühlen Temperaturen.

Vorkeimen Saatkartoffeln an einem hellen, luftigen Ort wie zum Beispiel einem Fensterbrett lagern, um sie zum Austrieb anzuregen.

Vortreiben Eine Pflanze durch künstliche Erhöhung der Temperatur zu frühem Austrieb und Wachstum bringen. Nutzpflanzen wie Grünkohl und Rhabarber können vorgetrieben werden, damit sie unter Lichtausschluss zarte essbare Teile bilden. Siehe auch *Bleichen*.

Wässern Das Versorgen einer Pflanze mit Wasser. Im allgemeinen Sprachgebrauch als Gießen bezeichnet.

Wurmkomposter Ein Komposter, in den kompostierbares Material wie Schälreste geworfen werden. Bestimmte Wurmarten verwandeln die Pflanzenreste in Komposterde und Flüssigdünger.

Wurzelknöllchen Die Verdickung an der Wurzel einer Hülsenfrucht. Sie enthält Bakterien, die Stickstoff aus der Luft binden.

Wurzelnackt Ohne Erdballen. Wurzelnackte Pflanzen werden nicht in Töpfen oder mit Substrat um die Wurzeln, sondern mit offen sichtbaren Wurzeln verkauft.

Zwischenkultur Die Aussaat von rasch reifendem Gemüse, nachdem eine Sorte abgeerntet, die nachfolgende aber noch nicht gepflanzt wurde. So wird der vorhandene Platz durchgehend genutzt.

Register

Fett gedruckte Seitenzahlen beziehen sich auf Haupteinträge, *kursive* Seitenzahlen auf Abbildungen.

A

B

G

H

I J

K

Bildnachweis und Dank

Bildnachweis

Der Verlag dankt folgenden Personen und Organisationen für die freundliche Genehmigung zum Abdruck der Abbildungen (Schlüssel: o = oben, u = unten, M = vertikale Mitte, m = horizontale Mitte, g = ganz oben, l = links, r = rechts):

Alan Buckingham: 40Mm; 43ur; 52gl; 53gM; 64Mr; 64ul; 70gl; 70Ml; 70ul; 72 (alle Abb.); 90gm; 90gr; 90Ml; 90Mr; 90um; 93ul; 93ur; 106–107; 118umr; 119gr; 130ur; 132ul; 136ur; 140; 142gr; 148gr; 150; 153Mr; 154um; 156gl; 158um; 158ur; 160gr; 174; 179umr; 186; 188; 190gr; 191ur; 194Ml; 195gr; 199gr; 199Mr; 202gl; 203um; 204ur; 205gm; 206; 210gr; 211gr; 216gr; 217gr; 218gr; 220gl; 220gr; 221ur; 222gr; 222ul; 224ur; 226ur; 226ul; 226um; 226ur; 227gl; 227gm; 227gr; 232Ml; 232Mm; 232Mr; 232ul; 232ur; 233Ml; 233Mr; 233ul; 233ur; 234gr; 234Ml; 235gm; 235ur; 236gm; 236gr; 236Ml; 236Mr; 236ul; 236um; 237Ml; 237Mm; 237Mr; 240gr; 241gml, 241gm; 241gmr; 241gr; 242gr; 242ur; 244Ml, 245gr, 245uml, 245umr.

Annabel Akeroyd: 4ul; 7gr; 221gl; Chauney Dunford: 235um; 236mr; 237ul; Esther Ripley: 230ur; Jo Whittingham: 235gl; 235gr; 236ur

Dorling Kindersley dankt:

Illustrationen Vanessa Hamilton

Korrektorat Angela Baynham

Register Vanessa Bird

Den Gärtnern der Tudor Allotment Association in Kingston für die freundliche Genehmigung, die großartige Vielfalt an Gärten fotografieren zu dürfen, die die Darstellung unterschiedlichster Stile in diesem Buch erst möglich gemacht hat.

Der Boxtrees Nursery Ltd, Walnut Tree Cottage, The Street, Wattisfield, Diss IP22 1NS für die Bereitstellung der Buchsbaumhecken.

Der Autor dankt:

Zuvorderst danke ich May Corfield, weil sie rund um die Uhr gearbeitet hat, um meine ausschweifenden Beschreibungen in Text zu übersetzen, der sich gut anhört. Ein Dank geht auch an Alison Gardner für ihre erstaunlichen künstlerisch-kreativen Fähigkeiten – ihr gelang es, meine Worte wesentlich besser aussehen zu lassen, als sie es verdienen. Ein dickes Dankeschön ferner für Alex Storch, einem handwerklichen Genie, dem es gelungen ist, meinen Garten von einem Schmutzloch in ein Paradies zu verwandeln, um das mich alle Nachbarn beneiden. Weiter danke ich Helen Bostock von der RHS für ihren Rat und der gesamten Belegschaft von DK, insbesondere Penny Warren, Alison Donovan und Chauney Dunford, für ihre Unterstützung und ihren Rat beim Verfassen dieses Buchs.

Ich danke außerdem allen meinen Nachbarn der Kolonie Ranmore Allotments in Dorking, Surrey, und insbesondere Marina Roberts für ihre Unterstützung bei diesem Projekt.

Schließlich danke ich meiner wunderschönen Frau Annabel und unseren drei Kindern Guy, Lissie und Hugh für all ihre Unterstützung in jenem Sommer, als ich dieses Buch schrieb – und weil sie einen verregneten zweiwöchigen Urlaub im Lake District ausgehalten haben, während Papa sich in einem dunklen Zimmer verkroch und etwas über Gemüse schrieb.